歴史紀行ガイド

北

北条義時の足跡をたどる旅

条

歴史紀行ガイド

北条義時の足跡をたどる旅

目次

覚園寺

北條寺

鎌倉北条氏の地位を確立した 北条(ほうじょう)

北条義時は姉の政子とともに、鎌倉幕府執権政治の基礎を築いた人物である。父親は北条時政。伊豆国北条(現・静岡県伊豆の国市)の在地豪族で、伊豆に配流された源頼朝の監視役であった。

二男であった義時は、長寛元(1163)年の生まれ。義時が14歳前後のときに姉の政子が頼朝に嫁いでいる。

頼朝が以仁王の令旨を受けて平氏打倒の兵を挙げたとき、義時は父・時政、兄・宗時とともに戦に加わった。治承4(1180)年、まだ10代の頃である。兄の宗時は、その年、石橋山の戦い後、敗走中に討ち死にしている。

鎌倉幕府が開かれたとき、父・時政とともに義時も御家人となった。姉は征夷大将軍である鎌倉殿(頼朝)の正室である。頼朝の信頼は厚く、重用されていた。

頼朝が没した後、その後を継いだのは、頼朝と政子の長子・頼家であった。まだ若かったため、政治の実務は13人の宿老によって運営されるようになった。父・時政、そして義時も、その一員に加わっている。

建仁3(1203)年、頼家は大病を患い、

義時が生まれた伊豆。北条氏や源頼朝に関する史跡が点在。写真は伊豆の国市から望む富士山。

義時（よしとき）

幼い息子の一幡に家督を譲ろうとした。外祖父は13人の宿老のうちの一人であった比企能員（ひきよしかず）である。時政はこの時、北条家の地位の向上を図り、比企氏と対立して滅ぼしている。義時も父の命令に従い行動をともにした。

頼家は修善寺に幽閉され、二男の実朝が三代将軍の地位に就いた。ところが、初代執権に就いた時政が実朝の廃位を企てたことが露見し、失脚する。さらに悲劇は続き、建保7（1219）年、頼家の遺児・公暁によって実朝は斬殺されてしまう。まさに、骨肉の争いであった。

その後、頼朝の妹が嫁いだ九条家のひ孫・九条頼経を後継将軍に迎えたが、あまりに幼かったために、政子と二代執権の義時が政務を代行するようになっていった。しかし、北条家の地位が確立されていくにつれ、朝廷との軋轢が増していく。

承久3（1221）年、後鳥羽上皇がついに北条義時追討の院宣を発し、兵を挙げた。承久の乱である。これに対し、義時はすぐさま大軍を編成。長男の泰時を総大将として京都に派遣し、勝利した。この時、実質上の将軍であった政子が、東国御家人を集めて、「頼朝と実朝の恩に報いよ」と兵を鼓舞したという逸話が残されている。

元仁元（1224）年、北条義時没す。62歳であった。姉の政子とともに鎌倉幕府の安寧に生涯を捧げ、100年以上続く鎌倉北条氏の礎を築いた名将である。

北条義時関係

和暦	西暦	出来事
建仁3年	1203年	●9月2日、比企能員の変、比企一族が滅びる
		●二代将軍・源頼家が修善寺に幽閉、三代将軍を源実朝へ移譲
		●7月18日、頼家が惨殺される
元久元年	1204年	●政子が修善寺に指月殿を建立
		●畠山重忠の乱、重忠一族滅亡
元久2年	1205年	●義時と政子、初代執権の父・時政を伊豆国に追放
		●義時、二代執権となる
承元2年	1209年	●12月18日、中原親能死去
建暦3年	1213年	●5月2・3日、和田合戦で和田義盛を討つ
		●義時、侍所別当を兼任
建保3年	1215年	●1月6日、北条時政没する
建保7年	1219年	●源実朝、鶴岡八幡宮で公暁に斬殺される
承久3年	1221年	●義時、承久の乱で後鳥羽上皇の挙兵を鎮圧
		●六波羅探題設置
		●三善康信死去
元仁元年	1224年	●6月13日、鎌倉で死去(62歳)

略年表

鎌倉幕府の成立を支え、
二代執権として実権を握るまでに上りつめた北条義時。
義時の62年の生涯と関係する出来事を年表で振り返る

年次	西暦	事項
長寛元年	1163年	●伊豆国の武士、北条時政の二男として生まれる
安元2年	1176年	●源頼朝と姉・北条政子が婚姻
治承4年	1180年	●8月17日、頼朝の挙兵に従う ●8月24日、石橋山の戦いで頼朝軍が敗れる ●頼朝、坂東の主要豪族たちを従えて鎌倉に入る
元暦2年	1185年	●3月24日、壇ノ浦の戦いで平家滅亡
文治5年	1189年	●源義経、平泉で自害 ●7月19日、頼朝が奥州征伐へ出発
建久3年	1192年	●頼朝が征夷大将軍に任じられる ●義時、姫の前（比企朝宗の娘）と婚姻
建久10年	1199年	●頼朝死去 ●義時、父の時政とともに13人の宿老の一員に加わる
正治2年	1200年	●1月20日、梶原景時の変 ●1月23日、三浦義澄死去 ●4月26日、安達盛長死去

北条義時に関わった主な人物

【13人の宿老】── 北条義時

北条時政 ほうじょう・ときまさ

鎌倉幕府初代執権。義時・政子の父。挙兵した頼朝を北条家一族の総力をあげて支え、幕府樹立に貢献した。

安達盛長 あだち・もりなが

頼朝の側近として仕えた武将。伊豆配流中から20年以上にわたって頼朝を支えた。

梶原景時 かじわら・かげとき

石橋山の戦いにおいて、平家方にありながら頼朝を助ける。以来頼朝の信頼を得る。

比企能員 ひき・よしかず

頼朝の乳母・比企尼の養子という縁から頼朝の挙兵に従う。娘・若狭局が頼家の妻となったことで、権勢をふるう。

三浦義澄 みうら・よしずみ

相模国東部の有力豪族、三浦氏の惣領で、三浦義村の父。平氏討追に尽力。頼朝の征夷大将軍の辞令を受け取る。

和田義盛 わだ・よしもり

三浦郡和田を本拠とする武士で、義澄の甥。石橋山の戦い後、安房国へ脱出した頼朝に近侍。初代の侍所別当となる。

足立遠元 あだち・とおもと

頼朝挙兵以前からの源氏の家人。文筆に長じ、公文所が新造されると能力を発揮。武士として唯一、寄人に補せられた。

八田知家 はった・ともいえ

下野の豪族宇都宮氏出身の武士。奥州藤原氏との戦いにおいては、千葉常胤とともに東海道大将軍の一人として活躍。

中原親能 なかはら・ちかよし

公家出身の御家人。京都に人脈を持っていたことから、たびたび上洛し連絡役を務めた。

大江広元 おおえの・ひろもと

政所初代別当。京都との交渉や幕府の政治体制の整備に貢献。頼朝の死後も、幕府内において中心的な役割を果たした。

三善康信 みよし・やすのぶ

京都の下級貴族の出身。問注所初代執事。頼朝の乳母の妹の子として、伊豆に配流中の頼朝に京都の情報を伝えていた。

二階堂行政 にかいどう・ゆきまさ

政所執事を務めた公家。長官だった大江広元のもと、実務官僚として幕府行政を支えた。

本書では、北条義時、および義時と関係が深い人物のゆかりの地を紹介する。
歴史に思いを馳せながら、訪ねてみてはいかがだろう

【源氏】

源頼朝 みなもとの・よりとも

鎌倉幕府初代将軍。平治の乱後に伊豆に配流され、監視役の北条氏と出会う。

源義経 みなもとの・よしつね

頼朝の弟。源平合戦で活躍するも頼朝と対立し、奥州平泉に逃れ自害。

源頼家・実朝 みなもとの・よりいえ・さねとも

頼朝の息子。頼家は二代将軍、実朝は三代将軍となった。ともに非業の死を遂げる。

【朝廷側】

後鳥羽上皇 ごとばじょうこう

第八十二代天皇。義時追討の院宣を発し承久の乱を起こすも、隠岐へ配流。歌人としても知られる。

土御門上皇 つちみかどじょうこう

第八十三代天皇。後鳥羽上皇の第一皇子。承久の乱後、自らの意思で土佐へ配流となった。

順徳上皇 じゅんとくじょうこう

第八十四代天皇。後鳥羽上皇の第三皇子。承久の乱後、佐渡島へ配流された。

【北条家】

北条政子 ほうじょう・まさこ

時政の娘で、義時の姉。頼朝の正室で、二代将軍・頼家、三代・実朝の母。

北条泰時 ほうじょう・やすとき

義時の長男で三代執権。御成敗式目を定め、北条家による執権政治を確立した。

小国政『大日本歴史錦繪』
頼朝の出陣を描いた錦絵。時政、義時のほか、13人の宿老の面々も。
(国立国会図書館所蔵)

源平合戦

義時の青年期は、源平の争乱ともいわれる治承・寿永の内乱が起こっていた時代である。源頼朝の父、源義朝率いる源氏は、平治元(1159)年12月の平治の乱で平清盛率いる平氏軍に敗退。翌年の永暦元(1160)年、当時14歳だった源頼朝は伊豆国に流罪された。伊豆では、まず平氏の血筋である伊東祐親、そしてその後は北条義時の父、北条時政の監視を受けながら過ごした。配流中、時政の娘である北条政子と結ばれた頼朝は時政の庇護もあり、力をつけていく。

治承4(1180)年4月27日、頼朝のもとに後白河天皇の第三皇子、以仁王による平氏追討の令旨が届き、同年8月に北条時政、義時らと挙兵。平氏の山木兼隆の居館襲撃に成功するも、石橋山の戦いでは平氏方の大庭景親らに敗れて安房(現・千葉県)に逃れた。同年10月、坂東武士たちを味方につけて鎌倉入り。その後、源氏軍は富士川の戦いで平氏軍に大勝するも京都へ敗走した平氏を追わず、頼朝は鎌倉を本拠に定めて関東の制圧に専念した。

寿永2(1183)年、頼朝は弟の範頼、義経を大将として東国の軍勢を西国に派遣し、平氏軍を撃退。寿永3(1184)年2月の一ノ谷の戦いで義経の奇襲により勝利し、元暦2(1185)年3月の壇ノ浦の戦いでついに平家が滅亡した。

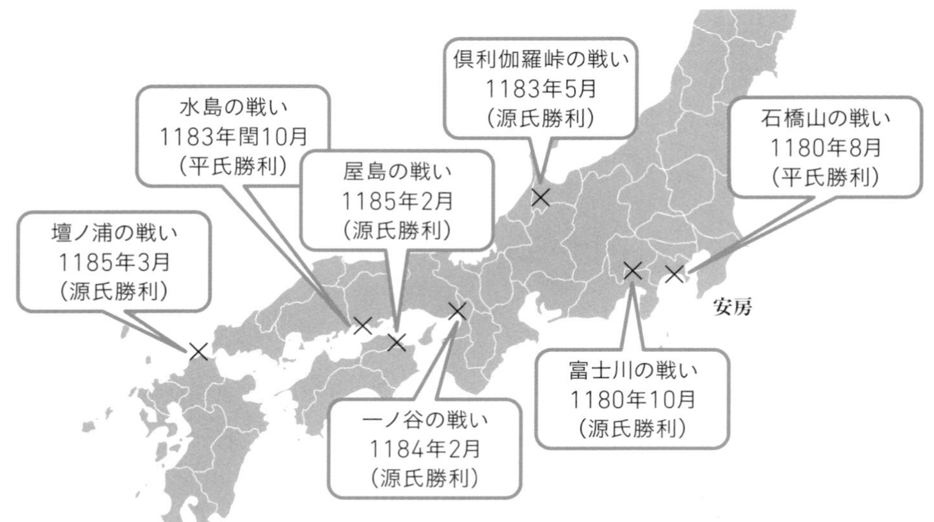

北条義時が生まれた長寛元（1163）年から、
没した元仁元（1224）年にかけて起こった出来事や、
当時の組織体制などを解説。時代背景を予習して旅を楽しもう

石橋山の戦い

三浦一族と合流するため伊豆から相模に向かった頼朝。『吾妻鏡』によると、伊豆・相模の御家人は三百騎。途中の石橋山には平氏方の急先鋒、大庭景親が三千余騎を従えて待ち構えていた。さらに、伊豆から追撃してきた伊東祐親の軍勢も後方から迫ってきていたという。

富士川の戦い

石橋山の戦いと同年の10月20日、駿河国（現・静岡県）の富士川を挟んで平氏軍と源氏軍が対峙。ここでは兵力に勝る源氏軍が大勝した。戦いの翌日、黄瀬川の頼朝の宿所に、平治の乱で生き別れた異母弟の九郎義経（源義経）が訪ねてきたという。

壇ノ浦の戦い

小国政『大日本歴史錦繪』（国立国会図書館所蔵）

長門国（現・山口県）壇ノ浦で繰り広げられた源平最後の戦い。義経が水手、舵取を射るといった掟破りの戦法を命じたともいわれ、海峡の潮の流れを見極めた源氏軍が勝利した。平家一門は安徳天皇とともに海中に没し滅亡。平家滅亡後、頼朝と義経は対立することに。

北条義時が生きた時代はどんな時代だったのか

源氏山公園（鎌倉）の源頼朝像。三方を丘陵が囲み、南に海を望む鎌倉を本拠地とした。

写真提供：鎌倉市観光協会

鎌倉幕府成立

鎌倉幕府の成立時期には諸説ある。源頼朝が征夷大将軍に任ぜられた建久3（1192）年のほか、頼朝が鎌倉入りした治承4（1180）年、頼朝の東国支配を朝廷から認められた寿永2（1183）年、頼朝が朝廷から守護・地頭の設置を認められた文治元（1185）年などが主張されている。

鎌倉に居を構えた頼朝は、着々と政権機構を整えていった。治承4年の富士川の戦いの後に御家人の統率機関となる侍所を置き、元暦元（1184）年には公文所（政所）、問注所を開いた。文治元年には、諸国に守護、荘園・公領に地頭を設置する権利、田1段あたり5升の兵糧米を徴収する権利を朝廷から獲得。翌年、京都の警備と在京の御家人の取り締まりなどを行う京都守護を置いた。さらに、九州の大宰府に鎮西奉行、奥州に奥州総奉行を置き、地方の御家人の統率も図った。

建久元（1190）年、頼朝は上洛をして権大納言・右近衛大将に任命される。同3（1192）年、征夷大将軍に就任し、鎌倉幕府が確立した。日本初の武家政権は、その後、室町時代、安土桃山時代、江戸時代と引き継がれた。

鎌倉幕府初期の組織図

将軍（＝鎌倉殿）

【地方】

- **京都守護**：在京御家人の統制、京都の警護、朝廷との交渉や京都・鎌倉間の連絡など。
- **鎮西奉行**：九州の御家人の統制などを主に行った。
- **奥州総奉行**：陸奥国統治のために置かれた機関。
- **守護**：国ごとに置かれ、警護を行った。
- **地頭**：荘園ごとに置かれ、土地の管理などにあたった。

【鎌倉】

- **問注所**：鎌倉幕府の裁判機関として設置された。初代執事は三善康信。
- **侍所**：御家人（将軍と主従関係を結んだ武士）の統制にあたった。初代侍所別当は和田義盛。
- **政所**：財政・政務を管轄。初代政所別当（長官）は大江広元。公文所から政所に改称した。

鎌倉幕府 歴代将軍在位期間一覧

鎌倉幕府は約150年間続いた。源氏が三代で絶えた後は、摂家である九条家・皇族から将軍が迎えられた。

代	将軍	在位期間
初代	源頼朝	建久3(1192)年～建久10(1199)年
二代	源頼家	建仁2(1202)年～建仁3(1203)年
三代	源実朝	建仁3(1203)年～建保7(1219)年
四代	九条頼経	嘉禄2(1226)年～寛元2(1244)年
五代	九条頼嗣	寛元2(1244)年～建長4(1252)年
六代	宗尊親王	建長4(1252)年～文永3(1266)年
七代	惟康親王	文永3(1266)年～正応2(1289)年
八代	久明親王	正応2(1289)年～徳治3(1308)年
九代	守邦親王	延慶元(1308)年～元弘3(1333)年

（年は将軍就任～退任期間）

頼朝が政治を行ったとされる地に大倉幕府跡の石碑が立つ。

頼朝亡き後、御家人の権力闘争が勃発

鎌倉幕府を開いた源頼朝だったが、建久10(1199)年1月13日に急逝。頼朝の嫡子である頼家が後を継いだが、御家人たちは18歳の頼家が将軍(鎌倉殿)となることを歓迎しなかった。

北条時政や大江広元、三善康信ら幕府の宿老たちは、同年4月1日に問注所を将軍御所の外に移し、同12日には将軍の訴訟(裁判)の裁決権を制限。これを機に、御家人の代表である宿老13人の話し合いによって政治運営を進めることとなった。頼朝が亡くなってからわずか3カ月後のことであった。

13人は、文官(京下り官人)として大江広元、三善康信、中原親能、二階堂行政の4人。頼朝以来の有力御家人として、北条時政、北条義時、三浦義澄、八田知家、和田義盛、比企能員、安達盛長、足立遠元、梶原景時の9人。頼朝が重用した人物で構成された。宿老13人による政治運営が始まったものの、そこで起きたのは御家人の権力闘争。頼朝の死後から義時の地位が執権となるまで、多くの内紛が繰り広げられたのだった。

梶原景時の変

時政の娘・阿波局が御家人の結城朝光に、「景時の讒言(ざんげん)であなたは誅殺される」と告げたことを機に、有力御家人たちが景時追放に動き出した。写真は梶原氏ゆかりの御霊神社(梶原)。

比企能員の変

比企能員は病に倒れた頼家に対し、北条時政を討つことをもちかけたが、この陰謀を聞いていた北条政子が時政に知らせ、時政が能員を含む比企一族もろとも殺害した。写真は比企一族の墓がある妙本寺。

頼朝死後に起きた御家人たちによる主な内紛

建久10(1199)年1月	源頼朝死去
同年4月	宿老13人による政治運営が始まる
正治2(1200)年1月	「梶原景時の変」有力御家人66人に弾劾された梶原景時が失脚
建仁3(1203)年7月	源頼家が病に倒れる 将軍権力は頼家の長男の一幡と、弟の千幡(実朝)に二分される
同年9月	「比企能員の変」 頼家の後ろ盾だった比企能員を北条時政が暗殺。一幡も義時により殺害
	北条政子により頼家が出家させられ、修善寺に幽閉される
元久元(1204)年7月	頼家死去
元久2(1205)年	「畠山重忠の乱」時政と娘婿の畠山重忠が対立
	時政が三代実朝の暗殺を企てるも失敗。 義時が父・時政を追放、二代執権となる
建暦3(1213)年5月	「和田合戦」義時と侍所初代別当・和田義盛が戦闘状態に。和田一族が滅亡 義時は執権と侍所別当を兼任する

和田合戦

小国政『大日本歴史錦繪』(国立国会図書館所蔵)

建暦3(1213)年2月、信濃国の泉親衡が頼家の遺児(千手丸)を旗印に反逆するという計画が発覚。この陰謀に和田義盛の息子や甥も加担していた。同5月に和田義盛が挙兵。北条義時や大江広元の指揮下にある御家人らを襲撃した。実朝の身を確保した義時軍が大激戦を制した。

北条義時が生きた時代は
どんな時代だったのか

鎌倉幕府を支えた執権政治

鎌倉幕府の財政・政務を管轄していた政所。政所の長官は別当と呼ばれ、そのうちの一人が執権に任命された。13人の宿老たちの中心になったのは、北条家だった。比企能員の変後、北条時政は実朝を将軍に立て、大江広元と並んで政所別当に就任。実朝の補佐を名目に幕府の実権を握った。

元久2(1205)年、時政は自身の妻である牧の方と謀り、娘婿の平賀朝雅(信濃源氏)を実朝に代えて将軍職につけようと画策するも失敗。さらに、幕府の重臣、畠山重忠を滅ぼした時政は、政子、義時の反対にあい、伊豆国に追放された。時政の後は義時が政所別当を引き継ぎ、和田合戦で和田義盛を下すと、侍所別当も兼任。執権の地位を確固たるものとした。

義時は三代将軍・実朝を補佐するも、建保7(1219)年1月、実朝は鶴岡八幡宮で甥の公暁(頼家の遺児)によって斬殺される。実朝には子供がいなかったため、源氏将軍は三代で途絶えてしまった。政子と義時は後鳥羽上皇の皇子を将軍の後継として迎え入れようとしたが拒否されたため、頼朝の遠縁にあたる藤原(九条)道家の三男、三寅(後の九条頼経)を後継とした。幼い三寅に代わり、政子が実質上の将軍として政務をとり、義時が執権として補佐することになった。

鎌倉幕府を主導した北条家

北条時政

鎌倉幕府初代執権。源頼朝の挙兵を助け、鎌倉幕府の樹立を支えた。頼朝からの信頼も厚く、初代京都守護にも任じられた。二代将軍・頼家を排して実朝を三代将軍に立て、執権に就任。失脚後は伊豆国に下向し、出家した。

源実朝は鶴岡八幡宮の大銀杏の木に隠れていた公暁から襲撃されたといわれる（大銀杏は2010年に倒木）。

北条義時

二代執権。父の時政とともに頼朝の挙兵に従い、平氏追討に参戦。兄の宗時の戦死によって家督を継いだ。頼朝の寝所を警備する武士にも選ばれるなど、政子の弟として側近御家人に登用される。執権政治の基礎を築き、以後北条氏に伝えられた。

早稲田大学図書館所蔵

北条政子

頼朝の死後、鎌倉幕府を掌握し、朝廷との交渉なども担っていた。幼児だった三寅を鎌倉に迎え入れ、幕政運営は義時や大江広元らが行い、政子が最終的判断を下していた。実質的な将軍だったともいわれている。

京都の宇治川。朝廷軍は宇治川で幕府軍を迎え撃つも、勢いにのった鎌倉武士たちに撃破された。

「天子に弓を引いた」承久の乱

武士の勢力が拡大するにつれ、朝廷や貴族の反感が増していった。この頃、朝廷の実権を握っていたのは後鳥羽上皇。上皇は三代将軍・実朝を厚く遇していたことから、実朝が暗殺されると、幕府に不信感を募らせた。政子と義時から頼まれていた将軍後継の件を拒否。さらに、京都では御家人の謀反事件により大内裏の仁寿殿が宝物とともに焼失。朝廷と幕府（北条義時）の関係は急激に不安定なものになった。

承久3（1221）年5月15日、上皇はついに北条義時追討の院宣を発出。上皇は北面・西面の武士たちや在京の御家人たちに参集を呼びかけたが、思惑に反し、多くの御家人たちは幕府のもとに集まった。幕府側は、上皇側に御家人たちが流れる前に団結するためとして、大江広元が即時の出陣を主張。義時はこれに従い、短期決戦策をとった。同22日に出陣を開始。長男の泰時を大将、弟の時房を副将とし、東海・東山・北陸の3道から京都に攻め入った。朝廷軍は十分な迎撃態勢を整える間もなく、兵力に勝った幕府軍が圧勝。6月15日、後鳥羽上皇が降伏した。後鳥羽上皇、土御門上皇、順徳上皇は流罪。幼い仲恭天皇は廃位された。

承久の乱後、義時は京都に六波羅探題を設置。泰時と時房は京都に残って朝廷を監視するなど、朝廷と幕府の関係が大きく変化した。

幕府軍を勝利に導いた義時は、承久の乱から3年後の元仁元（1224）年に死去した。享年62。

承久の乱 約1カ月の動向

幕府	承久3(1221)年	朝廷
	5月15日	後鳥羽上皇が義時追討の院宣を発出
有力御家人らによる評議。政子の演説	5月19日	
出陣を開始	5月22日	
全軍が進攻	5月25日	
	5月26日	幕府軍進攻の報せが届く
北陸道軍が初戦勝利	5月28日	
	5月29日	後鳥羽上皇、幕府軍の進攻を知る
	6月3日	防戦の軍隊が各所に出発
東山道軍が大井戸で勝利	6月5日	
北陸道軍が砺波山で勝利	6月8日	上皇らが比叡山に避難
	6月9日	義時誅殺の誤報が届く
	6月10日	三上皇が高陽院殿に帰還
瀬田の戦いで勝利	6月13日	
宇治川の戦いで勝利	6月14日	
宇治川を突破した泰時・時房が入京	6月15日	後鳥羽上皇が降伏

北条義時とその時代を生きた人々の足跡をたどる

ゆかりの地MAP

義時の故郷である伊豆、幕府運営が行われた舞台である鎌倉など、義時ゆかりの地はもちろん、同じ時代を生きた人々に関連する地も紹介。鎌倉時代をひも解く歴史旅、新たな発見がきっとあるはずだ

伊豆国 いずのくに

時政、政子、義時を輩出した伊豆北条家の里。頼朝が配流した地でもある。伊豆の国市には北条義時・伊賀の方夫妻の供養塔がある北條寺をはじめ、北条家ゆかりの史跡、名所が点在する。伊豆長岡温泉には頼朝ゆかりの温泉も。

京都 きょうと

鎌倉時代は朝廷と幕府の関係性が大きく変わった時代でもある。義時が勝利を収めた承久の乱は、後鳥羽上皇の義時追討の院宣から勃発。承久の乱、後鳥羽上皇らに関連する地を中心に、京都周辺の史跡なども紹介する。

平泉 ひらいずみ

奥州合戦の舞台で、義経終焉の地と伝わる。頼朝と対立した義経は、奥州藤原氏を頼って平泉へ入った。最後は頼朝軍が奥州藤原氏を追討。約100年にわたる奥州藤原氏の栄華は、現在も中尊寺金色堂などで体感できる。

鎌倉 かまくら

源頼朝が居を構え、幕府を開いたのが鎌倉だった。鶴岡八幡宮をはじめとする源氏ゆかりの地はもちろん、北条家、13人の宿老たちに関連する史跡も訪れたい。歴史にふれられるミュージアムなど、立ち寄りスポットも充実。

北条義時とその時代を生きた人々のゆかりの地

鎌倉編

Kamakura

源頼朝の挙兵の後、鎌倉入りした北条義時。
鎌倉殿を支える13人の宿老に選ばれると、
二代執権となり北条氏の地位を確立した。
義時とゆかりの深い古刹、史跡はもちろん、
源頼朝・義経、北条政子、重臣たちに関連する地も網羅。
日本初の武家政権・鎌倉幕府が開かれた地を歩こう

データの見方

アイコン説明　☎…電話番号 住…所在地
営…営業時間 休…休業日 料…料金
交…アクセス 駐…駐車場の有無

鎌倉〜江ノ島の上空から。

めぐり方アドバイス

見どころ、史跡が集まる鶴岡八幡宮周辺は、鎌倉駅から徒歩で回れる。覚園寺や源氏山公園などはハイキングコースとしてもおすすめ。江ノ島電鉄の沿線のスポットを見て回るなら、江ノ電1日乗車券「のりおりくん」が便利。

※本書の掲載情報は2021年11月現在のものです。
その後、各施設の都合により変更される場合がありますので、予めご了承ください。
※見学時間は特記以外原則として開館〜閉館です。
また、年末年始や臨時休業を省略している場合がありますので、お出かけ前にご確認いただくことをおすすめします。
※アクセスの所要時間はあくまで目安としてお考えください。
※掲載している金額は原則として一般料金、一部を除き税込価格です。
※「志納」とは境内整備などのために納める拝観料(お気持ち)です。

神奈川県
鎌倉市

鶴岡八幡宮

つるがおかはちまんぐう

政治、武士団結の要の地

康平6(1063)年、源頼義が京都の石清水八幡宮を勧請(神仏の分霊を迎え、奉ること)したことが始まり。源氏の氏神として八幡神を鎌倉の由比ヶ浜に祀った。治承4(1180)年、源頼朝が幕府を鎌倉の地に構え、同年、八幡宮を現在の地に遷す。以降、幕府や鎌倉武士の精神的な拠り所となった。頼朝の死後も、北条氏、足利氏、豊臣秀吉、徳川氏により武門の守護神として信仰された。現在の上宮社殿は、文政11(1828)年に十一代将軍・徳川家斉によって造営されたもの。華やかな装飾を施された江戸時代の神社建築様式である。

ゆかりの人物

源頼朝
源実朝
北条義時ほか

DATA

☎0467・22・0315 住 神奈川県鎌倉市雪ノ下2-1-31 営 6:00～20:00（最終受付19:30） 休 なし 料 境内無料（宝物殿、鎌倉文華館 鶴岡ミュージアムは有料） 交 JR・江ノ島電鉄「鎌倉」駅から徒歩約10分 駐 あり（有料）

豆知識

源氏池には、頼朝が政子の安産を祈願して置いたという逸話が残る「政子石」が。境内には鎌倉国宝館（→P64）や鶴岡八幡宮の歴史などを紹介する鎌倉文華館鶴岡ミュージアムもある。

1

2

3 写真提供：鎌倉市観光協会

4

1. 応神天皇、比売神、神功皇后を祀る上宮。国の重要文化財。**2.** 静御前が源義経を慕い舞った、若宮回廊跡に立つ舞殿。**3.** 頼朝が天下泰平、国家安穏を祈願して催した流鏑馬神事。現在も、9月の例大祭で行われている。**4.** 頼朝と源実朝を祀る白旗神社。北条政子が正治2（1200）年に創建。

神奈川県鎌倉市 覚園寺

かくおんじ

鎌倉北条氏の信仰を受け継ぐ

建保6(1218)年、北条義時が薬師如来信仰により私財を投じて建てた大倉薬師堂が前身。永仁4(1296)年、北条貞時が元寇の再来がないよう、覚園寺を創建した。北条氏滅亡後は、後醍醐天皇、足利尊氏の勅願寺として栄えた。当時の薬師堂は焼失しており、現在の堂は文和3(1354)年に再建されたもの。本堂薬師堂に祀られた十二神将立像や薬師三尊坐像、地蔵堂の黒地蔵像(地蔵菩薩立像)など、国の重要文化財を拝観することができる。通常、拝観はガイドツアーのみだが現在は休止中。令和4(2022)年度は、開門時間内であれば随時参拝可能に。

ゆかりの人物

北条義時
北条貞時

DATA

☎ 0467・22・1195 住 神奈川県鎌倉市二階堂421 営 10:00～16:00（時期により変動あり。要確認） 休 荒天日、4/27、8/10、12/20～1/7 料 一般500円 交 JR・江ノ島電鉄「鎌倉」駅からバスで約10分、バス停「大塔宮」から徒歩約10分 駐 なし

豆知識

祈りを捧げる空間として護持しており、拝観料を納めた先の境内は写真撮影・飲食不可。毎年8月10日に行われる「黒地蔵縁日」は死者のもとに黒地蔵が思いや願いを運び届けてくれる日とされ、午前0時～正午に拝観可。「黒地蔵尊しゃもじ」といったお守りもある。

1

2 写真提供：覚園寺

3

4

1. 愛染堂（あいぜんどう）。明治時代に覚園寺の近くにあった大楽寺が廃寺となり、その本堂と本尊（愛染明王像）が遷された。**2.** 覚園寺の中心となる堂「薬師堂」。中央に本尊の薬師如来が祀られている。**3.** 山門。6月上～下旬はアジサイの花が彩る。**4.** 紅葉の名所でもある。見頃は例年11月下旬～12月上旬。

神奈川県
鎌倉市

法華堂跡

ほっけどうあと

大倉幕府を望む丘陵地にある遺構

かつてこの地には源頼朝の持仏堂(日常的に礼拝する仏像や位牌を安置する堂)があり、没後は頼朝が葬られ墳墓堂(法華堂)となった。元仁元(1224)年、北条義時没後、頼朝の法華堂の東の山の上を墳墓と定め、新法華堂と号した。堂の存続は鎌倉時代末期頃まで。平成17(2005)年の発掘調査で、堂跡の遺構が発見された。頼朝の法華堂跡は標高25.5m、敷地面積が約900㎡、義時の新法華堂跡は同23.5m、約600㎡であり、標高や面積から主従関係を表した造りだったとも考えられる。現在、この地には堂はなく、頼朝墓の石塔がある。これは安永8(1779)年に薩摩藩主・島津重豪が整備したもの。

1

2

3

1．2. 源頼朝の墓。墓前には白旗神社(西御門)がある。**3.** 石段を上ると伝・大江広元の墓がある。江戸時代に整備されたと伝わる。**4.** 現在、義時の堂跡は平場になっている。伝・三浦氏一族のやぐらなども。

ゆかりの人物

北条義時

源頼朝

大江広元

DATA

☎0467・61・3857（鎌倉市教育文化財部文化財課）住 神奈川県鎌倉市西御門2 営 休 料 見学自由 交 JR・江ノ島電鉄「鎌倉」駅から徒歩約20分 駐 なし

豆知識

法華堂跡（源頼朝墓・北条義時墓）として国の史跡に指定されている。西側に頼朝の墓塔、東側の平場に義時の法華堂跡と推定される遺構がある。鶴岡八幡宮からは歩いて10分ほど。

神奈川県
鎌倉市

宝戒寺

ほうかいじ

豆知識

9月の萩の花、2〜3月の梅の花が特に有名だが、春は桜やハナモクレン、夏はサルスベリやスイフヨウ、秋はヒガンバナやホトトギス、冬は椿など一年を通して花を楽しめる。

1

ゆかりの人物　**北条義時**

DATA

☎0467・22・5512 住 神奈川県鎌倉市小町3-5-22 営 9:30～16:30（10～3月は～16:00） 休 なし 料 一般300円 交 JR・江ノ島電鉄「鎌倉」駅から徒歩約13分 駐 なし

北条氏歴代執権の屋敷跡に立つ歴史ある花寺

元弘3（1333）年、新田義貞によって北条氏一門が滅ぼされた後、北条氏の菩提を弔うため、後醍醐天皇が足利尊氏に命じて建立させた天台宗の寺院。北条氏歴代執権の屋敷跡だった場所に建てられた。本尊は子育経読（こそだてきょうよみ）地蔵菩薩坐像（国指定重要文化財）で、鎌倉二十四地蔵尊の第一番。鎌倉三十三観音の第二番の札所、鎌倉江の島七福神（毘沙門天）の札所も務めている。仏母准胝観音（ぶつもじゅんていかんのん）や大聖歓喜双身天王（だいしょうかんぎそうじんてんのう）、毘沙門天、帝釈天など多くの文化財を有する。

境内は、春のしだれ梅、秋の萩など四季折々の花で彩られる花の名所としても知られており、萩寺の名でも親しまれている。

2

写真提供：鎌倉市観光協会

3

4

1. 子育経読地蔵菩薩坐像などが祀られている本堂。**2.** 秋には参道脇に白萩の花が咲き、風情を醸す。**3.** 秘仏・大聖歓喜双身天王を祀る大聖歓喜天堂。**4.** 職人の守り神として信仰されている聖徳太子堂。

神奈川県
鎌倉市

建長寺

けんちょうじ

1

豆知識

拝観時間はゆっくり回って1時間ほど。境内最奥の階段を上った先にある半僧坊には展望台があり、由比ヶ浜や富士山を眺められる絶景ポイント。烏天狗の像が出迎える。

ゆかりの人物

北条義時
梶原景時
北条時頼

DATA
☎0467・22・0981 住 神奈川県鎌倉市山ノ内8 営 8:30～16:30 休 なし 料 一般500円 交 JR「北鎌倉」駅から徒歩約15分 駐 あり（有料）

約770年の歴史を誇る 日本で最初に禅寺を称した古刹

北条時頼が宋の高僧・蘭渓道隆（らんけいどうりゅう）を迎えて建長5（1253）年に創建した日本初の禅宗専門道場。鎌倉五山の第一位。場所は、建暦3（1213）年の和田合戦後、北条義時に与えられ、建長寺のほか、円覚寺などが建てられた山内荘。創建時、総門、三門、仏殿、法堂、方丈がほぼ直線上に並び、三門から仏殿への回廊も左右にあるなど左右対称の中国禅宗様式に基づいたものだった。

現在の配置は往時のままではなく、度重なる災害に遭い、再建を重ねる中で位置や規模が縮小されたものである。国宝の梵鐘は建長7（1255）年に時頼が造らせたもの。

2

3

4

1. 安永4（1775）年に再建された三門。楼上には釈迦如来像などを安置。**2.** 蘭渓道隆が造った方丈庭園。池の形は漢字の心をかたどったといわれる。**3.** 創建当時から残る梵鐘。円覚寺、常楽寺の鐘と並んで鎌倉三名鐘に数えられる。**4.** 桜の名所でもある。見頃は例年3月下旬～4月上旬。

神奈川県
鎌倉市

円覚寺

えんがくじ

風格と美しさのある国宝の舎利殿

弘安5（1282）年、北条時宗が宋の高僧・無学祖元を迎えて開山。義時以来、北条得宗家領となった山内荘に、2度の元寇による両軍の戦死者を弔うため、創建した禅宗寺院。創建から鎌倉時代末期にかけて伽藍を整備した。度重なる火災により、焼失した建物も多かったが、江戸時代後期に復興された。舎利殿は、16世紀後半に廃寺になった太平寺仏殿を移築したものと伝わる。鎌倉時代に大陸から伝えられた南宋の建築様式を代表する建物として国宝に指定されている。源実朝が宋の能仁寺から請来した佛牙舎利（釈迦の歯）が納められている。

写真提供：円覚寺

ゆかりの人物

北条義時

源実朝

DATA

☎0467・22・0478 住 神奈川県鎌倉市山ノ内409 営 8:00〜16:30（12〜2月は〜16:00）休 なし（荒天時は休みの場合あり）料 一般500円 交 JR「北鎌倉」駅からすぐ 駐 なし

1

豆知識

夏目漱石の『門』など文学作品の舞台にもなっている。境内にある佛日庵の茶室「烟足軒（えんそくけん）」は、川端康成の『千羽鶴』や立原正秋の『やぶつばき』などの小説にも登場。

2 3 4

1. 舎利殿は通常非公開。正月三が日、ゴールデンウィーク、11月の宝物風入時に公開される。**2.** 洪鐘（おおがね）は関東最大で国宝に指定されている。**3.** 法要や坐禅会、説教会などが行われる方丈の裏には庭園が広がる。**4.** 妙香池（みょうこうち）。平成12（2000）年、江戸時代初期の絵図を基に復元。

神奈川県
鎌倉市

琵琶橋

びわばし

江戸時代から鎌倉を見つめる橋

1

古くから交通の要所、または伝説が残る10カ所の橋、「鎌倉十橋」の一つ。若宮大路の下馬交差点から由比ヶ浜に向かう途中にある、佐助川に架かる橋。江戸時代、鶴岡八幡宮の二ノ鳥居から一ノ鳥居の間に弁財天の祠があったが、参道を真っすぐな道として通すために弁財天を鶴岡八幡宮の池のそばへ移した。その後、祠があった通りを、弁財天が持っていた琵琶にちなみ琵琶小路、この道にかかる橋を琵琶橋と呼んだ。かつては擬宝珠のついた朱塗りの橋だったが、平成4(1992)年に現在の御影石による橋が造られた。

2

1.2. 若宮大路沿いに架かる短い橋。和田合戦の舞台の一つとも伝わる地。

ゆかりの人物
北条義時
和田義盛

DATA
住 神奈川県鎌倉市由比ガ浜2-1周辺 営 休 料 見学自由 交 JR・江ノ島電鉄「鎌倉」駅から徒歩約6分 駐 なし

神奈川県
鎌倉市

大倉幕府跡

おおくらばくふあと

大倉幕府・頼朝政治始まりの場所

治承4(1180)年、源頼朝が御所を構えた地で、嘉禄元(1225)年、若宮大路の東側、宇津宮辻子に移転するまで存続。頼朝、頼家、実朝の三代が政務を執り行った大倉幕府中心の地である。敷地は、鶴岡八幡宮の北東一帯、現在の二階堂、西御門、雪ノ下エリアに広がっており、侍所、公文所、問注所など、幕府の政務機能を備えていた。現在の清泉小学校の側に石碑があるが、大倉幕府の正確な場所は不明で、この一帯のいずれかにあったと考えられている。御所周辺は、有力御家人の宿所などが置かれ、周辺には義時の邸宅「大倉亭」があった。

1. 石碑のある十字路は桜並木が続いている。
2. 大倉幕府跡の石碑。徒歩3分ほど離れた場所に西御門跡の石碑もある。

ゆかりの人物
源頼朝
宿老13人

DATA
住 神奈川県鎌倉市雪ノ下3-11 営 休 料 見学自由 交 JR・江ノ島電鉄「鎌倉」駅から徒歩約18分 駐 なし

豆知識

広場に立つ源頼朝像は頼朝が30歳前後の肖像といわれている。頼朝の鎌倉入りから800年経った昭和56（1981）年に造られた。春は源氏山（標高92.6m）一帯で、鎌倉市の木「ヤマザクラ」などの桜の花を楽しめる。

神奈川県
鎌倉市

源氏山公園

げんじやまこうえん

桜や紅葉も美しい 源頼朝像が見守る風雅な公園

海辺の街・鎌倉とは違った面を見せる、緑豊かな公園。奥羽を舞台とした後三年の役(1083～1087年)で、源頼朝の先祖・八幡太郎義家(源義家)が出陣する際に、ここの山頂に源氏の印である白旗を立てて戦勝を祈ったことから、「白旗山」「旗立山」と呼ばれたこともあった。

鎌倉七切通(ななきりどおし)の一つ、国の史跡でもある化粧坂を上った先に、源氏山公園があり、園内には源頼朝像が鎮座する。春には桜、秋には紅葉が美しい名所としても有名だ。葛原岡神社、銭洗弁財天 宇賀福神社が隣接するほか、周辺には佐助稲荷神社などもあるので、歴史散策も楽しむことができる。

2

3

4

1. 中央の広場に高さ約2mの源頼朝像がある。**2.** 自然豊かな公園として親しまれ、桜や紅葉の名所。**3.** 縁結びの神社として知られる葛原岡神社が隣接する。**4.** 春は約250本の桜が咲く、鎌倉の花見スポット。

ゆかりの人物 **源頼朝**

DATA

☎0467・45・2750(鎌倉中央公園) 住 神奈川県鎌倉市扇ガ谷4-649-1 営 休 料 見学自由 交 JR・江ノ島電鉄「鎌倉」駅から徒歩約25分 駐 なし

神奈川県
鎌倉市

来迎寺（西御門）

らいこうじ（にしみかど）

“鎌倉一美しい仏像”を祀る寺

1

永仁元（1293）年の鎌倉大地震で亡くなった村人たちを供養するため、一向上人によって創建された。本尊の阿弥陀如来のほかに、客仏として如意輪観世音菩薩、岩上地蔵菩薩、跋陀婆羅尊者が祀られている。客仏の三体は、もともと源頼朝の持仏堂の後身である法華堂に安置されていたが、明治初年の神仏分離令を機にこの寺へ移された。如意輪観世音菩薩は“鎌倉で最も美しい仏像”と称されており、衣の文様を立体的に表現する鎌倉独特の技法（土紋）が見られる。岩上地蔵菩薩は県の、跋陀婆羅尊者は市の指定文化財。

2

1.2. 天災による犠牲者の霊を弔うために建立された。来迎寺は西御門と材木座にある。

ゆかりの人物　**源頼朝**

DATA

☎0467・24・3476 住 神奈川県鎌倉市西御門1-11-1 営 13:00～15:00（日により異なる、完全予約制） 休 不定休（拝観可能日はHPを要確認） 料 一般300円 交 JR・江ノ島電鉄「鎌倉」駅からバスで約4分、バス停「大学前」から徒歩約10分 駐 あり

神奈川県
鎌倉市

佐助稲荷神社

さすけいなりじんじゃ

若き頼朝の呼び名が社名の由来

1

建久年間（1190～1199年）、源頼朝が重臣・畠山重忠に命じて「かくれ里の祠」を探し、稲荷神社を再建させたと社伝に残る。流人時代、頼朝が病に伏した際に「かくれ里の稲荷」と名乗る翁が夢枕に立ち、挙兵を促した。そして頼朝は挙兵を決意し、紆余曲折の末に平家を滅ぼす。その後、鎌倉で幕府を開き、初代将軍の座に就いた。

「佐助稲荷」の名は、若い頃、兵衛佐だった頼朝が「佐殿」と呼ばれており、その佐殿を助けた神ということが由来。頼朝が征夷大将軍まで上り詰めたことから、「出世稲荷」とも呼ばれている。

2

1. 鳥居とのぼりが続く参道は、写真映えする光景。**2.** 願掛けには、一対の白狐を供えるのがならわし。

ゆかりの人物　**源頼朝**

DATA

☎0467・22・4711 住 神奈川県鎌倉市佐助2-22-12 営 休 料 見学自由 交 JR・江ノ島電鉄「鎌倉」駅から徒歩約20分 駐 なし

神奈川県
鎌倉市

銭洗弁財天

宇賀福神社

ぜにあらいべんざいてん うがふくじんじゃ

銭洗水が有名な鎌倉の観光名所

1

平安時代末期、源頼朝が乱世と飢餓に苦しむ人々を救おうと祈ったところ、人頭蛇身の水神・宇賀福神が夢枕に立ち、「この地に湧く水で神仏を供養すれば、天下泰平が訪れる」と告げられた。そのお告げ通り、頼朝が社を建てたのが起源だとされる。五代執権・北条時頼も奥宮の霊水で銭を洗い、一族の繁栄を祈ったことから、いつしか“銭洗いの水”と呼ばれ、「洗うとお金が増えて戻ってくる」という民間信仰が根づいた。今ではお金を洗いに来る観光客が後を絶たない。社務所でロウソクと線香（100円）を受け取る際に、お金を洗うザルを借りられる。

2

1. 洞窟の奥が銭洗水。鳥居が続く参道の先にある。**2.** 銭洗水は鎌倉五名水の一つに数えられている。

ゆかりの人物
源頼朝
北条時頼

DATA
☎0467·25·1081 住 神奈川県鎌倉市佐助2-25-16 営 8:00〜16:30 休 なし 料 境内無料 交 JR・江ノ島電鉄「鎌倉」駅から徒歩約25分 駐 あり

神奈川県
鎌倉市

段葛

だんかずら

武家の都・鎌倉を象徴する参道

1

鶴岡八幡宮の参道である若宮大路の中央部に盛り土された段葛は、葛石を積み上げたことが名前の由来。北条政子が後の鎌倉幕府二代将軍・源頼家を懐妊した際、安産を祈願し、頼朝が自ら指揮を執って築かせたと伝わる。鶴岡八幡宮に近いほど狭くなる遠近法を用いており、長い道だと錯覚させるための軍事的トリックともいわれる。

元々は、鶴岡八幡宮から一ノ鳥居まで通じていたといわれているが、現在は鶴岡八幡宮から二ノ鳥居までの約500m。見事な桜並木は、鎌倉の春の風物詩となっている。

2

1. 中央が一段高く造られている若宮大路。
2. 春は約180本のソメイヨシノが彩る。

ゆかりの人物　源頼朝　北条政子

DATA
☎ 0467・22・0315（鶴岡八幡宮）住 神奈川県鎌倉市雪ノ下2-1-31（鶴岡八幡宮）営 休 料 見学自由 交 JR・江ノ島電鉄「鎌倉」駅から徒歩約5分 駐 なし

神奈川県
鎌倉市

永福寺跡

ようふくじあと

鎌倉時代を代表する遺跡を保存

1

永福寺は、源頼朝が建立した鶴岡八幡宮、勝長寿院と並ぶ三大寺院の一つで、頼朝が奥州平泉を攻めた後、源義経や藤原泰衡(ふじわらのやすひら)など戦いで亡くなった将兵たちの鎮魂のために、平泉中尊寺の二階堂を模して建てたとされる。現在は、鎌倉時代を代表する遺跡として国の史跡に指定され、建物の基壇や苑池の復元など、公開活用に向けた整備が終了した範囲を公開。頼朝や北条政子たちが踏みしめた当時の地面の上に厚さ約60cmの盛り土をして、遺跡を保護しながら、二階堂、阿弥陀堂、薬師堂の基壇を復元している。

2

1. 池底を約30cmかさ上げして、当時の池を再現。**2.** 阿弥陀堂跡。発掘調査により、堂の規模が判明。

ゆかりの人物　源頼朝　源義経

DATA

☎0467・61・3857(鎌倉市教育文化財部文化財課) 住 神奈川県鎌倉市二階堂209 営 9:00〜17:00(11〜3月は〜16:30) 休 なし(臨時閉場あり) 料 無料 交 JR・江ノ島電鉄「鎌倉」駅からバスで約8分、バス停「大塔宮」から徒歩約5分 駐 なし

神奈川県
鎌倉市

荏柄天神社

えがらてんじんしゃ

鎌倉幕府の鬼門の守護神

1

福岡の太宰府天満宮、京都の北野天満宮と並び、三古天神社と称される。長治元(1104)年、荏草郷(えがやごう)と呼ばれた地に天神像(菅原道真)が降臨したのを機に創建。道真を祭神として祀る。当時の人々はこの地を踏むことに恐れをなし、イチョウの木を神木と崇めたとされ、境内にそびえる樹齢約900年の大イチョウがそれだと伝わる。頼朝はこの地に幕府を開くにあたって、鬼門の方角を守る神としてこの神社を崇敬。それ以降も各武家政権の信仰は篤く、足利、北条、豊臣、徳川の各氏にも守られ、社領を筆頭に多様な寄進を受けた。

2

1. 朱色が鮮やかな国の重要文化財である拝殿。**2.** 神木は高さ25m、胴回り10mの巨木。

ゆかりの人物 **源頼朝**

DATA

☎ 0467・25・1772 住 神奈川県鎌倉市二階堂74 営 8:30～16:30 休 なし 料 境内無料 交 JR・江ノ島電鉄「鎌倉」駅からバスで約7分、バス停「天神前」から徒歩約3分 駐 なし

神奈川県
鎌倉市

白山神社

はくさんじんじゃ

頼朝創建と伝わる幽玄な毘沙門堂

1

菊理媛之命（くくりひめのみこと）を祭神とする今泉の鎮守。社伝によると源頼朝が創建したと伝えられており、京都へ入る際に鞍馬寺からもらい受けたといわれる毘沙門天立像が納められている。

本殿へと続く参道の入り口に江戸時代の狂歌師・天廣丸（あめのひろまる）の狂歌碑、さらに進むと鎌倉市の指定有形民俗文化財である庚申塔が見られる。境内の入り口にかけられた大きなしめ縄は、ここに住む守護神、大百足にあやかったもので、毎年1月8日には大注連祭（おおしめさい）を開催。アジサイとイチョウが美しいことでも知られ、その時期には多くの人が訪れる。

2

1. 毘沙門天立像を安置する本殿。**2.** 参道には狂歌碑や庚申塔などの石塔が続く。

ゆかりの人物　**源頼朝**

DATA

☎ 0467・47・4798 住 神奈川県鎌倉市今泉3-13-20 営 休 料 見学自由 交 JR「大船」駅からバスで約12分、バス停「白山神社前」から徒歩約2分 駐 なし

神奈川県
鎌倉市

勝長寿院跡

しょうちょうじゅいんあと

父を思う頼朝の気持ちを形にした寺院

1

元暦元(1184)年、源頼朝が父・義朝の供養のために鎌倉で最初に創建した寺。鶴岡八幡宮、永福寺とともに鎌倉の三大寺院に数えられた。「寺」よりも格が下の「院」と呼ばれたことから察せられるように、頼朝一家の私的な寺院だったが、幕府の崇敬を集め、源氏の菩提寺にふさわしい美しさを誇ったとされている。本尊は奈良仏師の成朝が制作した金色の阿弥陀如来像で、仏師の運慶による五大尊像も安置されていたといわれる。火災により何度も焼失、再建を経て廃寺となり、のちに作られた石碑や石塔のみが残っている。

2

1. この地に勝長寿院があったことを伝える石碑。**2.** 義朝とその家臣・鎌田正清の墓が並ぶ。

ゆかりの人物　**源頼朝**

DATA

(住) 神奈川県鎌倉市雪ノ下4 (営)(休)(料) 見学自由 (交) JR・江ノ島電鉄「鎌倉」駅からバスで約5分、バス停「岐れ道」から徒歩約5分 (駐) なし

神奈川県
鎌倉市

鎌倉七口

かまくらななくち

国指定史跡の歴史深き古道

1

三方を山に囲まれる鎌倉は、防御上は有利な地形をしていたが、人や物資の往来には不便だったため、山の稜線を切り開いた道「切通」を作った。切通は鎌倉への出入り口として交通の面だけでなく、戦略的にも重要な意味を担っていたため、周辺には有力者の邸宅などが置かれていた。

鎌倉とその外を結ぶ切通のうち、主なものを「鎌倉七切通」、または「鎌倉七口」と呼ぶ。中には、鎌倉から三浦半島方面へ通じ、東京湾の先へと渡る名越切通や、鎌倉と六浦(横浜市金沢区)を結ぶ朝夷奈切通など、国指定史跡もある。

2

1. 山を掘削して道を開いた、鎌倉への出入り口。写真は名越切通。**2.** 源氏山公園につながる化粧坂切通。

ゆかりの人物　三浦一族ほか

DATA
㊟ 神奈川県鎌倉市内 ㊡㊡㊡ 見学自由

神奈川県
鎌倉市

大江稲荷社

おおえいなりしゃ

大江広元邸から移転したと伝わる稲荷社

稲荷社まで一の鳥居、二の鳥居と階段が続く。階段を上った先に小さな祠がある

鎌倉の最東部である十二所（じゅうにそ）に位置し、山を背後にしてひっそりとたたずむ稲荷社。かつてこの十二所には、大江広元を筆頭に、同じく源頼朝の側近であった梶原景時、頼朝挙兵成功の功労者であった上総広常（かずさひろつね）など、有力な武将や御家人が居を構えていた。一説には大江広元の邸宅にあった稲荷社が現在の場所に移され、大江稲荷社となったともいわれている。近くには大江広元邸址碑が立つ。普段、本尊は五大堂明王院が保管しているが、例年2月に行われる初午祭では稲荷社に祀られ、同寺の住職が読経供養する。

ゆかりの人物　大江広元

DATA

住 神奈川県鎌倉市十二所114 営 休 料 見学自由 交 JR・江ノ島電鉄「鎌倉」駅からバスで約13分、バス停「十二所神社」から徒歩約2分 駐 なし

神奈川県
鎌倉市

甘縄神明宮

あまなわしんめいぐう

源氏と深いつながりを持つ鎌倉の古社

1

飛鳥〜奈良時代の僧・行基が草創し、この地方の豪族だった染谷太郎時忠が、和銅3(710)年に建立したとされる神社。源氏との関係が深く、頼朝の先祖・頼義がこの神社で祈願したのちに義家が生まれたとの言い伝えが残っており、頼朝や政子もたびたび参詣したという。安達盛長が頼朝に神社の守護を命じられて以来、安達氏が代々神社を守ることとなった。盛長はここに居を構えていたといわれ、境内には「安達盛長邸址」と記された石碑もある。ただし近年では、安達邸はかつて「無量寿院」のあった谷戸「無量寺谷」付近に立っていたとの説も有力。

2

1.天照大神を祭神として祀る。2.境内には、北条時宗が産湯で浸かったとされる井戸もある。

ゆかりの人物　源頼朝
安達盛長

DATA
住 神奈川県鎌倉市長谷1-12-1 営 休 料 見学自由 交 江ノ島電鉄「長谷」駅から徒歩約5分 駐 なし

神奈川県
鎌倉市

無量寿院跡

むりょうじゅいんあと

安達氏一族が代々眠る場所

平成14(2002)年の発掘調査で出土した池の跡

現在「鎌倉歴史文化交流館」が立つ谷は、かつて「無量寺谷(むりょうじがやつ)」と呼ばれ、安達氏の菩提寺である無量寿院や邸宅があったと考えられている地。無量寿院は弘安8(1285)年、鎌倉幕府の重臣だった安達泰盛とその一族が、九代執権・北条貞時の内管領・平頼綱によって滅ぼされた政変「霜月騒動」で焼失し、廃寺になったとされる。近年行われた敷地内の発掘調査で、鎌倉時代後期の池の跡や礎石が見つかり、安達氏に関係する遺構の可能性が指摘されている。現在は、池があったとされる庭園部分や丘陵部などを見学することができる。

ゆかりの人物　安達盛長

DATA

☎ 0467・73・8501(鎌倉歴史文化交流館) 住 神奈川県鎌倉市扇ガ谷1-5-1(鎌倉歴史文化交流館) 営 10:00〜16:00 休 日・祝・年末年始(鎌倉歴史文化交流館に準ずる) 料 無料 交 JR・江ノ島電鉄「鎌倉」駅から徒歩約7分 駐 なし

神奈川県
鎌倉市

妙本寺

みょうほんじ

政変で滅びた比企一族の屋敷跡

1

日蓮聖人を開山に仰ぐ、日蓮宗最古の寺院。この地は、初代将軍・源頼朝の乳母を務めた比企尼など比企一族が住み、頼朝の腹心、比企能員(よしかず)の屋敷もあったとされる。しかし、建仁3（1203）年、北条時政の計略により一族は滅びてしまう（比企能員の変）。

その後、能員の末子で生き延びていた比企能本(よしもと)が日蓮聖人に出会い、一族の供養のために自分の屋敷を献上したのが妙本寺の始まり。境内には、比企一族の供養塔のほか、二代将軍・頼家の側室・若狭局（能員の娘）を祀る蛇苦止(じゃくし)堂、頼家の嫡子・一幡(いちまん)の袖塚がある。

2

1. 日蓮宗の開祖・日蓮聖人を祀る祖師堂。**2.** カエデやイチョウの紅葉も見事。12月中旬が見頃。

写真提供：鎌倉市観光協会

ゆかりの人物　**比企能員**

DATA

☎0467・22・0777 住 神奈川県鎌倉市大町1-15-1 営 9:00〜17:00 休 なし 料 志納（志に見合った金額） 交 JR・江ノ島電鉄「鎌倉」駅から徒歩約8分 駐 なし

神奈川県
鎌倉市

来迎寺（材木座）

らいこうじ（ざいもくざ）

頼朝のために戦った三浦義明の墓がある

1

写真提供：鎌倉市観光協会

建久5（1194）年、源頼朝が鎌倉幕府の礎を築いた三浦義明の冥福を祈り、真言宗能蔵寺を建立したのが始まり。頼朝の死後、開山の音阿上人（おんあしょうにん）が時宗（じしゅう）に改宗し、現在の名に改名した。三浦半島の衣笠城主だった三浦義明は、頼朝が旗揚げした時に加勢し、畠山重忠の軍勢と戦って89歳で戦死。息子の義澄は、後に頼朝に仕えた。

境内には義明の木造と五輪塔墓があり、本堂の裏手には、三浦一族の墓と100基を超える五輪塔が並ぶ。また、石橋山の戦いに敗れ、17歳の若さで殺された多々良三郎重春の五輪塔墓もある。

2

1. 春の彼岸の頃、ミモザの花が境内を染める。**2.** 境内に多数の塔が並ぶ。

ゆかりの人物　三浦一族

DATA
☎0467･22･4547 住 神奈川県鎌倉市材木座2-9-19 営 9:30～16:30 休 なし 料 境内無料 交 JR・江ノ島電鉄「鎌倉」駅から徒歩約18分 駐 あり

神奈川県
鎌倉市

和田塚

わだづか

権力争いに敗れた和田一族を埋葬

小さな公園のような所に、「和田一族戦没地」と刻まれたものなどさまざまな石碑が立つ

鎌倉に残る唯一の高塚式古墳。源頼朝亡き後の建暦3(1213)年、有力御家人の和田義盛が、北条義時との間で繰り広げた「和田合戦」の末、一族もろとも敗死。この地は、その時の和田一族の遺体を埋葬した塚として伝承されている。

明治時代に行われた道路工事で、埴(はに)輪(わ)や人骨などが発掘された。かつてこの地は「無常堂塚」と呼ばれていたが、明治以降、「和田塚」と呼ばれるようになったと伝わる。現在、敷地内には和田一族の墓のほか、戦没者慰霊塔、大震災殉死者供養碑など大小の石碑、五輪塔などが並んでいる。

ゆかりの人物　和田義盛　北条義時

DATA
住 神奈川県鎌倉市由比ガ浜3 営 休 料 見学自由 交 江ノ島電鉄「和田塚」駅から徒歩約1分 駐 なし

神奈川県
鎌倉市

御霊神社

ごりょうじんじゃ

恒例の祭は県指定の無形民俗文化財

1

創建年は不明だが、源頼朝の鎌倉入り前からあった古い神社。もともと鎌倉党(鎌倉氏、梶原氏、大庭氏、長尾氏らで構成された武士団)の先祖全員を祀っていたが、後三年の役で活躍した武士、鎌倉権五郎景正(梶原景時の先祖)のみが祀られるようになった。そのため地元では、「ごんごろうさま」の名で親しまれている。

毎年、景正の命日である9月18日に開催される例祭は、「鬼」「福禄寿」「おかめ」などの面を着けた十人衆が練り歩く「面掛行列」が有名。面は普段、境内東側の宝蔵庫に保管されている。

2

1. 境内の一番奥に位置する荘厳な本殿。**2.** 梶原氏の本拠地とされる梶原地区にも御霊神社がある。

ゆかりの人物　梶原景時
梶原景正

DATA
☎0467・22・3251 住 神奈川県鎌倉市坂ノ下4-9 営 見学自由(収蔵庫は9:00〜17:00) 休 なし 料 境内無料(収蔵庫は100円) 交 江ノ島電鉄「長谷」駅から徒歩約5分 駐 なし

神奈川県
鎌倉市

宇津宮辻子幕府跡

うつのみやずしばくふあと

かつて幕府の中枢があった地

宇津宮稲荷神社の敷地内に立つ石碑。近くに鎌倉彫資料館がある

源頼朝が鎌倉入りし、大倉に幕府を開いてから45年後の嘉禄元(1225)年、三代執権・北条泰時は政子の死を機に、この地へと幕府を移した。「辻子(ずし)」とは大路を結ぶ小道のことで、幕府は若宮大路と小町大路に囲まれた宇津宮辻子の北側200mにあったとされる。現在は、「宇津宮稲荷神社」が立ち、神社の前に幕府跡の石碑がある。大倉に幕府があった頃、頼朝の跡を継いだ頼家、実朝がともに無念の死を遂げ、それを避けるように宇津宮辻子に幕府が移されたが、ここでも不幸が続いたため、11年後の嘉禎2(1236)年、若宮大路幕府へと移された。

ゆかりの人物　**北条泰時**

DATA
住 神奈川県鎌倉市小町 2-15-19(宇津宮稲荷神社)
営 休 料 見学自由 交 JR・江ノ島電鉄「鎌倉」駅から徒歩約7分
駐 なし

神奈川県
鎌倉市

常楽寺

じょうらくじ

北条泰時が義母のために建立

嘉禎3(1237)年、北条義時の長男で三代執権・泰時が、妻の母の供養のために建てた寺院が始まり。当時は「粟船御堂(あわふねみどう)」と呼ばれていたが、仁治3(1242)年に泰時が亡くなった後、その法名「常楽寺殿」をとってつけられた。建長寺の開山である蘭渓道隆が、建長寺が建立された建長5(1253)年まで住んでいたことでも知られ、仏殿には本尊の阿弥陀如来像と一緒に蘭渓道隆像が安置されている。「宝治2(1248)年」と刻まれた国の重要文化財の銅鐘があり、五代執権・北条時頼が祖父である泰時の冥福を祈り造ったと伝わる。

1. 山門は鎌倉市の文化財に指定されている。
2. 御本尊の阿弥陀如来像が祀られる仏殿。

ゆかりの人物　北条泰時

DATA
☎0467・46・5735 住 神奈川県鎌倉市大船5-8-29 営 9:00～16:00 休 なし 料 志納 交 JR「大船」駅から徒歩約15分 駐 あり

神奈川県
鎌倉市

極楽寺

ごくらくじ

義時の息子の山荘に建てられた寺

何度か再建したが、今はこの山門と本堂のみ。境内にはおごそかな空気が流れる

正元(しょうげん)元(1259)年、二代執権・北条義時の三男・重時が建立したが、重時は完成を待たずに死去。その後、重時の息子の長時と業時が完成させた。周辺は三浦氏の所領だったとする説もあり、重時がこの地を獲得し、山荘を建設。その山荘に建てられたのがこの寺で、その後、重時の息子らによって律院(戒律を厳守する律宗の寺院)となった。隆盛を極めた時期は、金堂、講堂、十三重塔などの伽藍(がらん)のほか、多くの塔頭(たっちゅう)を備えた鎌倉有数の大寺院だったが、合戦や火災、天災で、境内の大部分は住宅地に変わり、現在は山門と本堂を残すのみとなっている。

ゆかりの人物　**北条重時**

DATA

☎0467・22・3402 住 神奈川県鎌倉市極楽寺3-6-7 営 9:00〜16:30(宝物館は4/25〜5/25と10/25〜11/25の火・木・土・日10:00〜16:00) 休 12/25〜31 料 志納(宝物館は300円) 交 江ノ島電鉄「極楽寺」駅から徒歩約2分 駐 なし

神奈川県
鎌倉市

満福寺

まんぷくじ

そこここに感じる義経の息遣い

1

奈良時代、関東に疫病が蔓延した際、聖武天皇から病気の排除を命じられた行基が、鎌倉の風光明媚なこの地で祈りを捧げたところ、疫病が収束。その功徳を称えてここに寺を建てることにしたといわれる。源義経ゆかりの寺としても有名。兄・頼朝の怒りを買った義経は、和解するため鎌倉に入るべく、この寺に逗留して兄に手紙を書いた。寺が相模国腰越にあったことから、その手紙は「腰越状」と呼ばれる。義経が手を洗ったとされる井戸、「腰越状」を書く時に墨をするため水を汲んだ「硯の池」など見どころが多い。

2

1. 海まですぐという抜群の立地も魅力の一つ。**2.** 境内には「義経公手洗の井戸」などがある。

ゆかりの人物 **源義経**

DATA

☎ 0467・31・3612 住 神奈川県鎌倉市腰越2-4-8 営 9:00～17:00 休 なし 料 一般200円 交 江ノ島電鉄「腰越」駅から徒歩約3分 駐 あり

神奈川県
鎌倉市

安養院

あんよういん

1

豆知識

ツツジの名所として知られるが、4月のヤマシャクヤク、11月のツワブキ、12月のスイセンも楽しめる。ナスの形をした「なす守り」は「事を成す」にかかっており、拝観の記念として人気。

ゆかりの人物　**北条政子**

DATA

☎ 0467・22・0806 住 神奈川県鎌倉市大町3-1-22 営 8:00～16:30（変動あり） 休 7/8、12/29～31 料 一般100円 交 JR・江ノ島電鉄「鎌倉」駅から徒歩約12分 駐 あり

尼将軍・北条政子の夫への弔いが寺の起源

もともとこの地には、鎌倉時代の僧・尊観が開いた善導寺という寺があった。一方、北条政子は夫である源頼朝の冥福を祈り、長楽寺という寺を建立したが、火災により焼失。そのため鎌倉時代末期に善導寺跡へ長楽寺を移し、政子の法名である安養院を院号とした。それが寺名になったといわれる。

境内には、本尊の阿弥陀如来像と千手観音像、北条政子像が安置された本堂のほか、国の重要文化財に指定された宝篋印塔(ほうきょういんとう)がある。鎌倉市の天然記念物で、開山の際に尊観が直接植えたと伝わる樹齢700年の槙の巨木や、山門に植えられているオオムラサキツツジも必見。

2

3

4

1. 初夏はオオムラサキツツジが咲く。例年は4月下旬～5月上旬に見頃を迎える。**2.** 本尊や北条政子像などが安置される本堂。**3.** 境内にある槙の古木。見事な枝振りを見ることができる。**4.** 11月に見頃を迎えるツワブキ。黄色の可憐な花が境内を彩る。

神奈川県
鎌倉市

若宮大路幕府跡

わかみやおおじばくふあと

鎌倉幕府の栄枯盛衰を見届けた旧跡

住宅街の路地にひっそりとたたずむ

鎌倉幕府跡の一つで、源頼朝が開いた大倉幕府、北条泰時が移した宇津宮辻子幕府に続き、嘉禎2(1236)年から鎌倉幕府が滅亡する元弘3(1333)年までの97年間、幕府が置かれた地。四代将軍・九条頼経から九代将軍・守邦(もりのくに)親王の時代まで存続し、親王屋敷とも呼ばれた。

若宮大路幕府の位置については、鶴岡八幡宮側の横大路に面していたという説と、位置は宇津宮辻子幕府と同じだが、出入り口が若宮大路に面していたという説がある。現在は、鶴岡八幡宮から南側に向かう住宅街の路地に石碑が立っている。

ゆかりの人物　**九条頼経**

DATA
住 神奈川県鎌倉市雪ノ下1-11 営 休 料 見学自由 交 JR・江ノ島電鉄「鎌倉」駅から徒歩約17分 駐 なし

神奈川県
鎌倉市

明王院
みょうおういん

頼経が建立した鎌倉幕府の御願寺

嘉禎元(1235)年、鎌倉幕府四代将軍・九条頼経により鬼門除けとして建立された。幕府の鬼門の方角に当たる十二所に鬼門除けの祈願所として五大明王を祀っている。五大明王とは、「不動明王」「降三世(ごうざんぜ)明王」「軍荼利(ぐんだり)明王」「大威徳明王」「金剛夜叉明王」の総称。御願寺(貴人の発願で建立された寺)として幕府、将軍家に寄り添い、鎌倉幕府が外国からの侵略の危機にさらされた元寇(げんこう)の時にも、この寺で異国降伏の法要が行われた記録が残る。不動明王坐像は、鎌倉幕府将軍の発願によって造られた鎌倉に現存する唯一の仏像で、国指定重要文化財。

1.本堂では不動明王像を含む五大明王を祀っている。2.桜、梅などが彩る庭園も見事。

ゆかりの人物　九条頼経

DATA
☎ 0467・25・0416 住 神奈川県鎌倉市十二所32 営 9:00〜16:00 休 なし 料 境内無料 交 JR・江ノ島電鉄「鎌倉」駅からバスで約10分、バス停「泉水橋」から徒歩約3分 駐 あり

Column | Museum

鎌倉の歴史を学べるミュージアム

Museum 1 鎌倉国宝館
かまくらこくほうかん

国の登録有形文化財に登録されている本館。

鎌倉に伝来する国宝などを展示

鎌倉市域や近隣の社寺に伝わる彫刻・絵画・工芸・書籍・古文書・考古資料など、幅広いジャンルの文化財を収蔵・展示している。鎌倉地方の文化財は、鎌倉〜室町時代に制作された品、またはその当時の中国、宋や元から伝来した品が多く、地方あるいは異国の味わいが強いのが特徴であり魅力。特に禅宗文化の影響が顕著で、中世日本を研究するうえで非常に価値が高い。鎌倉時代の寺院建築を模した館内では、鎌倉地域に伝わる仏像を常設展示しているほか、特別展も年に7回ほど開催している。

上/薬師如来及び両脇侍像。中尊は平安時代の作。下/鎌倉に縁の深い仏像などが展示されている。

DATA
☎0467・22・0753 住 神奈川県鎌倉市雪ノ下2-1-1（鶴岡八幡宮境内） 営 9:00〜16:30（最終入館16:00） 休 月（祝日の場合は翌平日）、年末年始、展示替え期間など 料 一般300〜600円※展覧会ごとに異なる 交 JR・江ノ島電鉄「鎌倉」駅から徒歩約12分 駐 なし

鎌倉ゆかりの品々を収蔵・展示する施設を紹介。
中世の都・鎌倉の歴史を多様な角度から眺めれば、旅がさらに楽しくなる

Museum 2

鎌倉歴史文化交流館

かまくられきしぶんかこうりゅうかん

©Forward Stroke inc

中世展示室では都市鎌倉の諸相を紹介する。

古代から続く悠久の歴史を学べる

鎌倉で発掘された出土品を中心に、原始・古代から近現代までの鎌倉の歴史を紹介する博物館。ジオラマ・プロジェクションマッピングやVRなどで体験する最新鋭の映像展示、至る所で目を引く特殊な建築資材、中世の景観を連想させる美しい庭園、高台から海を望める見事な眺望と見どころが豊富。最新の発掘調査をふまえた企画展、講座やワークショップなどの各種イベントも開催している。また、世界的建築家ノーマン・フォスター氏の設計事務所が手がけ、個人住宅をリノベーションした建物も一見の価値あり。

上/古代から現代までの鎌倉を紹介する通史展示室。下/建築家のノーマン・フォスター氏が設立した設計事務所「フォスター＋パートナーズ」が手がけた建物。

DATA

☎0467・73・8501 住 神奈川県鎌倉市扇ガ谷1-5-1 営 10:00〜16:00（最終入館15:30） 休 日、祝、年末年始、展示替え期間など 料 一般300円 交 JR・江ノ島電鉄「鎌倉」駅から徒歩約7分 駐 なし（障がい者用などを除く）

Museum 3 神奈川県立金沢文庫
かながわけんりつかなざわぶんこ

称名寺金堂が復元され、
弥勒菩薩を拝める。

北条義時の孫・実時が創設した文庫

北条氏の一族(金沢北条氏)である北条実時が、武蔵国久良岐郡六浦荘(むつらのしょう)金沢(現・横浜市金沢区)の邸宅内に創設した武家の文庫。現在は県の施設として復興し、歴史博物館として鎌倉時代の諸相を今に伝えている。収蔵資料は、おもに金沢北条氏の文庫にあった資料と、一族の菩提寺である称名寺に伝わった品。金沢北条氏歴代の肖像画をはじめとする絵画、金沢北条氏一族と称名寺の僧侶たちが書いた手紙など約4000通の古文書のほか、彫刻、工芸品、古書など多岐にわたる。国宝や重要文化財も多い。

上/収蔵資料の古書や古文書には貴重な資料も多い。下/中世の歴史博物館として知られている。

DATA

☎045・701・9069 住 神奈川県横浜市金沢区金沢町142 営 9:00〜16:30(最終入館16:00) 休 月(祝日の場合は開館)、祝日の翌日(土日の場合は開館)、12/28〜1/4 料 一般250円※特別展開催中は変更の場合あり 交 京急「金沢文庫」駅から徒歩約12分、シーサイドライン「海の公園南口」駅から徒歩約10分 駐 なし(障がい者用を除く)

Museum

4 鎌倉彫資料館

かまくらぼりしりょうかん

時代に応じた鎌倉彫の変遷をたどれる。

伝統工芸品・鎌倉彫の美に触れる

武家政権が誕生した中世鎌倉で、宋時代の中国禅宗文化を積極的に取り入れるなか生まれたと考えられている鎌倉彫。鎌倉彫の漆の光沢と彫りの陰影が織り成す美しさを伝えるべく、室町時代から現代に至る鎌倉彫作品と参考資料を収蔵・展示している。各時代の歴史解説に合わせた約50点の名品を常設展示するほか、企画展や特別展、ワークショップを開催。専任講師のもと、鎌倉彫を体験できる教室も人気が高い。1階には、鎌倉彫の器でスイーツなどを楽しめるカフェ、オリジナルの商品を扱うショップもある。

上/所蔵品で最古。室町時代の仏具「屈輪文 三足卓」。下/1階のショップではマスキングテープなどのミュージアムグッズも販売。

DATA

☎ 0467·25·1502 住 神奈川県鎌倉市小町2-15-13 鎌倉彫会館3F 営 10:00～16:00(13:00～14:00一時閉館) 休 月・火、夏季、年末年始、そのほか臨時休館あり 料 一般300円 ※特別展は料金が異なる 交 JR・江ノ島電鉄「鎌倉」駅から徒歩約5分 駐 なし

Museum 5 神奈川県立歴史博物館

かながわけんりつれきしはくぶつかん

模型や複製資料を用いた都市鎌倉の信仰の様子。

中世鎌倉での人々の暮らしを追う

自然科学系・人文科学系の総合博物館だった県立博物館の人文系部門を母体に、平成7(1995)年に開館。以降、「かながわの文化と歴史」を総合的に扱う唯一の博物館として現在に至る。常設展示では神奈川の歴史を5つの時代に分類し、各テーマに沿って人々の生活や信仰、外来文化の影響などを歴史的視点で展開。そのうち、テーマ2「都市鎌倉と中世びと」では、鎌倉時代の文書や出土品、中国からもたらされた文物など各種資料をベースに、武家政権下での社会の様子や、都市鎌倉に生きた人々の暮らしぶりを紹介している。

上/天井のステンドグラスはまるで万華鏡。下/国の重要文化財・史跡に指定された旧館。

DATA

☎045・201・0926 住 神奈川県横浜市中区南仲通5-60 営 9:30～17:00(最終入館16:30) 休 月(祝日の場合は開館)、12/28～1/4、資料整理日、そのほか臨時休館あり 料 一般300円 ※特別展は別途料金 交 みなとみらい線「馬車道」駅から徒歩約1分 駐 なし

北条義時とその時代を生きた人々のゆかりの地

静岡編

Shizuoka

義時の故郷・伊豆の国市をはじめ、
頼朝ゆかりの神社がある三島市や富士宮市、
頼家が幽閉された修禅寺など、
静岡県内に点在する歴史スポットを紹介する

めぐり方アドバイス

伊豆の国市の北条家ゆかりのスポットは韮山駅周辺に集まっている。韮山駅から修善寺駅までは伊豆箱根鉄道で約16分。修善寺駅からバスで10分ほど行くと、頼家が幽閉された修禅寺に着く。

静岡県
伊豆の国市

北條寺

ほうじょうじ

義時夫妻の墓が立つ義時建立の寺

寺の縁起や古文書によれば、大蛇にのまれて亡くなった嫡子・安千代の冥福を祈り、北条義時が創建。七堂伽藍を建立し、慶派仏師の作とされる「木造阿弥陀如来坐像」を造立したと伝わる。このほか、北条氏ゆかりの伝承が残る中国宋様式の本尊「木造観音菩薩坐像」や、刺繍が施された絹の帳「牡丹鳥獣文繍帳」（以上3点とも県指定文化財）を所蔵。境内には「北条義時夫妻の墓」（市指定文化財）があり、墓石に彫られた戒名から、義時と3番目の妻・伊賀の方の供養塔と考えられている。白いヒガンバナが見られる寺としても知られる。

ゆかりの人物

北条義時

北条泰時

伊賀の方

DATA

☎ 055・948・1399 住 静岡県伊豆の国市南江間862-1 営 2022年1/4〜は個人も可、10:00〜16:00（最終受付15:30） 休 不定休※2022年1/4〜は水 料 一般500円※2022年1/4〜 交 伊豆箱根鉄道「韮山」駅からバスで約10分、バス停「江間公園入口」または「江間」から徒歩約5分 駐 あり

豆知識

北條寺をはじめ、伊豆の国市には季節の花々を楽しめる寺院が点在。成福寺（→P79）のハスの花は6月中旬〜8月中旬、眞珠院 八重姫静堂（→P85）の白梅は2月に見頃を迎える。

1

2

3

4

1.2. 北条氏の歴史を伝える仏像や墓所がある。**3.** 北条義時夫妻の墓。北条氏発祥の地であるこの寺に建てたと伝わる。**4.** 1月はロウバイ、9月は白ヒガンバナが境内を彩る。

静岡県
伊豆の国市

北条義時館跡

ほうじょうよしときやかたあと

若き日の義時が暮らした江間の居館跡

義時の幼名「江間小四郎」の名も記された石碑

鎌倉幕府の史書『吾妻鏡』に登場する北条義時の名は、養和元（1181）年に源頼朝の寝所を警護する11人に選ばれた際の「江間四郎」をはじめ、3分の2が江間（えま）姓。名乗った理由は、父の北条時政が江間地区（現・伊豆の国市南江間）を与えて分家としたなど諸説あるが、義時は領主として江間に屋敷を構えたと考えられている。場所は、明治時代に刊行された伊豆の地誌『増訂豆州志稿（ぞうていずしゅうしこう）』の「南江間町屋の尋常小学校の敷地」という記述から、同校の跡地である江間公園と推定され、園内の一角に「北條義時屋敷跡」と刻まれた石碑が立つ。

ゆかりの人物　**北条義時**

DATA
☎055・948・1428（伊豆の国市文化財課）　住 静岡県伊豆の国市南江間828-4　営 休 料 見学自由　交 伊豆箱根鉄道「韮山」駅からバスで約10分、バス停「グラウンド入口」から徒歩約3分　駐 あり

静岡県
伊豆の国市

豆塚神社

まめづかじんじゃ

義時が自身の館近くに移転し、再興した

標柱に旧名「石徳高神社」を刻む歴史ある神社

古代、大男山（雄徳山）山頂に鎮座していたと伝わる歴史ある神社。平安時代の延長5（927）年に完成した法制書『延喜式』の中で、全国の官社（神社）一覧『神名帳』に記された「石徳高神社」に該当するという。江戸時代の元文5（1740）年に神社の由緒が書かれた梁銘という古い板が残っており、北条義時が鎌倉時代の初め、「小池堀丸山」（現在の伊豆中央道江間料金所付近とされる）から現在地へ移したことが読み取れる。領地の中でも住居や北條寺に近い場所で再興したことから、この神社に対する義時の崇敬の念がうかがえる。

ゆかりの人物　**北条義時**

DATA

住 静岡県伊豆の国市北江間3 営 休 料 見学自由 交 伊豆箱根鉄道「韮山」駅よりバスで約10分、バス停「江間」からすぐ 駐 なし

静岡県
伊豆の国市

大師窟

だいしくつ

義時の納経伝説が残る横穴古墳群

家形石棺が残る1号横穴(左)と2号横穴

7〜8世紀につくられた古墳群「北江間横穴群」(国指定史跡)。大北と大師山、2つの支群があり、大師山群(大師窟)は北条義時が経を納めたという伝説がある。大師山の横穴は南斜面に等高線に沿う形で、西に大型の2基、中央に4基、東にやや小型の4基と、計10基が確認できる。内部に家形の石棺を安置した横穴があるなど、石室の形はさまざまで、土葬から火葬への変遷を反映しているという。盗掘の跡が多く、古代の副葬品や義時関連の品は発掘されていないが、北条の地に残る義時伝説の一つとして知られている。

ゆかりの人物　北条義時

DATA

☎055·948·1428(伊豆の国市文化財課) 住 静岡県伊豆の国市北江間 営 休 料 見学自由 交 伊豆箱根鉄道「韮山」駅から車で約10分 駐 大北横穴群にあり

静岡県
伊豆の国市

珍場神社

ちんばじんじゃ

義時が長男の死を悼んで創建

大蛇にのまれた子・安千代の伝承が残る神社

古くは「第六天神社」と称したが、明治12（1879）年に地名を冠した珍場神社と改称。棟札（むなふだ）の写しが残っており、長男・安千代の死を嘆いた北条義時が元久元（1204）年、鎮魂のため、若宮八幡宮を勧請（かんじょう）して建立したという由緒が記されている。安千代に模した木造彫刻の若宮八幡神を祀ったという伝承もある。安千代は歴史書には登場しないが、地元では有名な悲劇の子。11歳の時、勉学に通っていた千葉寺（廃寺）からの帰り道、池の堤で大蛇にのまれて命を落としたという「大蛇伝説」が江間各地の寺社に残っている。

ゆかりの人物　**北条義時**

DATA

住 静岡県伊豆の国市北江間1171 営 休 料 見学自由 交 伊豆箱根鉄道「韮山」駅から車で約10分 駐 なし

静岡県
伊豆の国市

上の馬場

うえのばば

義時が乗馬の技術を磨いた場所

義時が乗馬訓練に励んだという一段高い平坦地

伊豆の地誌『増訂豆州志稿』によると、北条義時が馬の訓練を行ったと伝わる「上の馬場」が、現・南江間の白寿医療学院辺りにある。史書『吾妻鏡』によれば、義時は弓馬の術に優れていたという。建久4(1193)年、頼朝が下野国(しもつけのくに)那須野(現・栃木県那須町)などで大規模な狩猟を行った際、弓矢の携帯を許可された弓馬の名手22人に、「弓馬四天王」に数えられた武田信光や小笠原長清と共に義時も選ばれている。目立った軍功の機会もなく、武芸が苦手だったという説もあるが、武士として幼少期から弓馬の訓練を積んだことは確かだろう。

ゆかりの人物　**北条義時**

DATA
住 静岡県伊豆の国市南江間 営 休 料 見学自由 交 伊豆箱根鉄道「韮山」駅または「伊豆長岡」駅から車で約10分 駐 なし

静岡県
伊豆の国市

北条氏邸跡（円成寺跡）

ほうじょうしていあと（えんじょうじあと）

時政から三代が暮らした北条氏の館跡

1

平成4〜5（1992〜93）年の発掘調査で、塀に囲まれた建物跡が規則的に並ぶ様子が明らかになった北条氏の館跡。中国製の陶磁器やかわらけ（土器）などの遺物が出土し、井戸などの遺構も見つかっている。最盛期は鎌倉時代前半で、北条時政・義時・泰時の三代にわたって栄えた後、生活の中心は鎌倉に移った。北条氏の滅亡後は、十四代執権・北条高時の母・円成尼（えんじょうに）が一族の菩提を弔うため円成寺を建立。江戸時代まで尼寺として続いた。館跡東側の「政子産湯の井戸」は義時の姉・政子が誕生した際、産湯に使ったという言い伝えがある。

2

1. 園路や解説板を整備し、史跡の一部を公開。**2.** 政子の産湯に使ったという井戸「政子産湯の井戸」。

ゆかりの人物　**北条氏**

DATA

☎055・948・1428（伊豆の国市文化財課）㊟静岡県伊豆の国市寺家・中條 ㊔9:00〜17:00 ㊡なし ㊎無料 ㊋伊豆箱根鉄道「韮山」駅から徒歩約20分 ㊟守山西公園駐車場、狩野川さくら公園駐車場利用

静岡県
伊豆の国市

願成就院

がんじょうじゅいん

時政が創建した北条家の氏寺

1

源頼朝による奥州藤原氏征討の勝利を祈願し、北条義時の父・時政が建立。史書『吾妻鏡』によれば、池を配した浄土様式の壮大な寺院で、泰時まで三代にわたり堂塔伽藍(どうとうがらん)が造営された。発掘調査で遺構が発見されている。伽藍は15世紀末に焼失したが、仏像7体は造立時のまま現存。特に仏像胎内の銘札(めいさつ)により、施主が時政、文治2(1186)年の運慶の作とわかる「阿弥陀如来坐像」など5体は、運慶の希少な真作で国宝に指定されている。本堂の本尊は義時が祀ったという慶派作の仏像(非公開)であり、境内には時政の墓所もある。

2

1.運慶作の国宝仏5体を拝観できる大御堂(おおみどう)。2.伊豆で余生を過ごし78歳で死去した時政の墓。

写真提供:願成就院

ゆかりの人物　北条氏

DATA

☎055·949·7676 住 静岡県伊豆の国市寺家83-1 営 10:00〜16:00(最終受付15:30) 休 火·水(祝日・正月三が日の場合は開館)、節分の日、3/1〜11、7/30〜8/3、8/15、12/24〜31 料 一般700円 交 伊豆箱根鉄道「韮山」駅または「伊豆長岡」駅から徒歩約15分 駐 あり

静岡県
伊豆の国市

成福寺

じょうふくじ

正宗が再興した北条氏ゆかりの寺

本堂の北側に北条氏一族の供養塔が立つ

伊豆国の在庁官人であった北条時家が、平安時代に建立した持仏堂が前身と伝わる。正応2（1289）年、鎌倉幕府八代執権・北条時宗の三男、正宗が一族の菩提を弔うために再興したとされる。その後、正宗の長男・宗仁が改修し、成福寺とした。

現在の本堂は平成元（1989）年に建てられたもの。境内には正宗、時宗、正宗の母・覚山尼（かくさんに）の五輪塔のほか、北条一族の墓や供養塔がある。また、古代蓮と呼ばれる大賀蓮（おおがはす）など、約200種250株の蓮が栽培されており、蓮の名所としても知られている。見頃は6月中旬〜8月中旬。

ゆかりの人物　北条氏

DATA

☎055・949・1099 住 静岡県伊豆の国市四日町981 営 休 料 見学自由（本堂は7:00〜19:00） 交 伊豆箱根鉄道「韮山」駅から徒歩約10分 駐 あり

静岡県
伊豆の国市

蛭ヶ島の夫婦

ひるがしまのふたり

豆知識

蛭ヶ島茶屋では富士山をモチーフにした縁結びのお守りを販売。伊豆の国市の木「梛(なぎ)」の葉には、政子が鏡の裏に忍ばせて頼朝との愛を祈っていたという言い伝えがある。

ゆかりの人物　源頼朝
北条政子

DATA
☎055・948・2909（伊豆の国市都市計画課）住 静岡県伊豆の国市四日町17-1 営休料 見学自由 交 伊豆箱根鉄道「韮山」駅から徒歩約10分 駐 あり

配流推定地に立つ頼朝・政子像

平治の乱で敗れ、14歳で伊豆に下向された源頼朝の配流地は、史書『吾妻鏡』や歴史物語『平家物語』などで「蛭島」「蛭ヶ小島」と書かれている。諸説あるが、有力な候補地の一つが、静岡県韮山地区四日町の蛭ヶ島である。江戸時代には、安久（やすひさ）村（現・三島市）出身の学者・秋山富南（ふなん）が伊豆の地誌『豆州志稿』を編纂する中で、この地と推定。それを記念した「蛭島碑記（ひるがしまひき）」（市指定文化財）が、寛政2（1790）年に建てられている。

周辺は現在、蛭ヶ島公園として整備されており、平成16（2004）年には頼朝と政子のブロンズ像「蛭ヶ島の夫婦（ふたり）」が除幕された。

2

3

4

1. 富士山を見つめて寄り添う頼朝と政子の像が立つ。周囲は田園風景が広がる。**2.** 蛭ヶ島公園には無料休憩所「蛭ヶ島茶屋」などがある。茶屋では静岡茶や軽食などを楽しめる。**3.** 寛政2年建立の蛭島碑記。**4.** 園内には県指定文化財「旧上野家住宅」もある。

静岡県
伊豆の国市

光照寺

こうしょうじ

頼家の面が残る、頼朝の伊豆の館

頼朝夫妻の住居があったと推定されている

伊豆の地誌『増訂豆州志稿』によると、かつては願成就院（がんじょうじゅいん）の子院であり、この辺りに源頼朝・北条政子夫妻の館があったという。寺伝では当時の寺号は「松寿院」で、応永4（1397）年に浄土宗に改宗し、現在の寺号に改称。発掘調査で鎌倉時代初期の井戸や、中世の石塔類のかけらが見つかっている。また、頼朝の長男・頼家の病相を彫ったという面を所蔵。面を頼家の幽閉先の修善寺（現・静岡県伊豆市）から鎌倉に運ぶ途中、使者が頼家の訃報を受け、同寺に納めたという伝説が残る。修禅寺に伝わる仮面とは別の面である。

ゆかりの人物　**源頼朝**

DATA
☎055・948・1428（伊豆の国市文化財課）㊟静岡県伊豆の国市寺家30-1 営休料 見学自由 交 伊豆箱根鉄道「韮山」駅から徒歩約15分 駐 あり

静岡県
伊豆の国市

毘沙門堂

びしゃもんどう

頼朝の要請で文覚が建立

仁王門の金剛力士像（慶派作）は頼朝が寄進

毘沙門堂のある奈古谷（なごや）地区には古来、山岳密教系の寺があり、源頼朝と同時期に配流された僧・文覚（もんがく）が修行の場にしたという。文覚はこの寺で頼朝に源氏再興の挙兵を何度も促し、頼朝は旗揚げに成功。悲願を果たした頼朝の要請で、寺の一角に文覚が毘沙門堂を建てたとされる。本尊の毘沙門天は慈覚大師作と伝わり、本開帳は50年に一度。仁王門には慶派作「木造金剛力士像」があり、胎内の銘文により、鎌倉時代に頼朝が寄進したとわかる。堂は室町時代に再建、昭和になって修理され、現在は国清寺（こくせいじ）の祠堂（しどう）となっている。

ゆかりの人物　**源頼朝**

DATA

☎ 055・948・0304（伊豆の国市観光協会）（住）静岡県伊豆の国市奈古谷 （営）（休）（料）見学自由 （交）伊豆箱根鉄道「原木」駅から車で約10分 （駐）あり

静岡県
伊豆の国市

成願寺

じょうがんじ

頼朝が老女のために建てたと伝わる寺

境内に餅売りの老女の墓が残されている

伊豆国に流された源頼朝が、源氏再興を願って三嶋大社へ百日詣でをしていた時に、餅売りの老女の店に立ち寄って休憩したという言い伝えがある。老女は餅を献上するなど、頼朝を励ましたといわれている。治承4(1180)年、頼朝が挙兵して、その後鎌倉幕府を樹立。将軍となっても頼朝は旧恩を忘れず、再び店を訪ねた。そして、老女に何が望みかを尋ねると、「安心して往生できるように、阿弥陀仏を拝んで余生を送りたい」と言ったという。頼朝は願い通りに、阿弥陀仏を与えて寺を建立した。この寺が成願寺といわれている。

ゆかりの人物　源頼朝

DATA
☎055·949·1916 住 静岡県伊豆の国市原木158 営 休 料 見学自由 交 伊豆箱根鉄道「原木」駅から徒歩約10分 駐 あり

静岡県
伊豆の国市

眞珠院 八重姫静堂

しんじゅいん　やえひめしずかどう

無念の死を遂げた八重姫を供養する

もともと静堂は眞珠院の北側の満願寺にあったが江戸時代末に移築された

源頼朝の最初の妻、八重姫は父・伊東祐親（すけちか）によって頼朝と引き離され、悲嘆に暮れて真珠ケ淵（現・古川）に身投げしたと伝わる。のちに供養のために建てられたのが静堂だ。堂外の一角に置かれた小さなはしごは「はしごがあれば八重姫を救えたのに」という里人の無念の思いから納められたのが始まりで、現在は願い事が成就したときにお礼参りとして奉納されているという。現在の建物は、昭和33（1958）年の狩野川台風後に再建されたもので、堂内には八重姫の供養塔が収められている。境内には、八重姫の後を追って自害した侍女の供養碑も立つ。

ゆかりの人物　源頼朝
八重姫

DATA
㊟静岡県伊豆の国市中條145-2 ㊝㊡㊫見学自由 ㊋伊豆箱根鉄道「伊豆長岡」駅から徒歩約13分 ㊞あり

静岡県
熱海市

伊豆山神社

いずさんじんじゃ

頼朝と政子が愛を語り合った地

伊豆国に配流された源頼朝が、源氏の再興を祈願したと伝わる古社。鎌倉幕府を樹立して征夷大将軍となった頼朝は、伊豆山権現（現・伊豆山神社）と箱根権現（現・箱根神社）を崇敬し、二所詣でを慣例とした。『吾妻鏡』によると、頼朝は4回、北条政子は2回、頼朝の二男で三代将軍の実朝は8回もの詣でを行ったとされている。

伊豆山神社は頼朝と政子が忍び逢い結ばれた場所でもあり、縁結びの神社としても知られる。ご神木の梛（なぎ）の木の葉を大切に持っていると良縁に恵まれるという言い伝えもある。

ゆかりの人物
源頼朝
北条政子
源実朝

DATA
☎0557･80･3164 住 静岡県熱海市伊豆山708-1
営 休 料 見学自由（御守授与所は9:00～16:30） 交 JR「熱海」駅からバスで約7分、バス停「伊豆山神社前」から徒歩約5分 駐 あり

豆知識

伊豆山神社前バス停から神社へは階段を約170段上る。階段の途中には、古くから足の病に効験があるといわれる足立権現社、縁結びの神社として知られる結明神社がある。強運守や足の御守が人気。

2

3

4

1. 江戸時代には徳川家康も参拝したと伝わる。**2.** 頼朝と政子が腰掛けて愛を語り合ったとされる腰掛石。**3.** ご神木の梛の木は社殿前にある。落ち葉は拾ってもよいが、葉が落ちるまで待ったり、幹を突いて葉を落とそうとしたりする行為は禁止。**4.** 伊豆山神社の神湯として信仰された走湯温泉の跡。

静岡県
三島市

三嶋大社

みしまたいしゃ

豆知識

三嶋大社オリジナルの絵馬「三嶋駒」は厚さが約4.5cmもあり、開運大吉のお守りとして親しまれている。源頼朝ゆかりの「三嶋大社」「伊豆山神社」「箱根神社」を巡って楽しめる三社詣限定のご朱印帖もある。

1

ゆかりの人物　源頼朝
北条政子

DATA
☎055・975・0172 住 静岡県三島市大宮町2-1-5
営 休 料 見学自由 交 伊豆箱根鉄道「三島田町」駅から徒歩約7分 駐 あり

頼朝が源氏再興のため百日祈願を行った伊豆国の「一宮」

伊豆国の「一宮」として古くから信仰されてきた神社で、源頼朝が源氏再興を願い100日通ったといわれている。治承4(1180)年8月17日、三嶋大社例祭の夜に合わせて頼朝は挙兵。その後の源平合戦などを経て、見事、源氏の復興を果たし、鎌倉幕府を樹立した。この故事にちなみ、三嶋大社では例年8月16日に「頼朝公旗挙出陣奉告祭」が行われている。頼朝の旗挙げ成功以来、三嶋大社は数多くの武将に崇敬された。

境内には北条政子が勧請(かんじょう)したとされる厳島神社や、頼朝と政子が休んだといわれる腰掛石などもある。三嶋大社宝物館では、政子が奉納したと伝わる「梅蒔絵手箱(うめまきえてばこ)」の模造復元品などを見ることができる。

2

3

4

1.慶応2(1866)年竣工の本殿。国の重要文化財に指定されている。**2.**宝物館に展示されている国宝「梅蒔絵手箱」の模造復元品。 **3.**腰掛石。左に頼朝、右に政子が座ったといわれる。**4.**神池(しんち)に浮かぶ厳島神社。市杵嶋姫命を祀る。

静岡県
駿東郡
清水町

対面石八幡神社

たいめんせきはちまんじんじゃ

頼朝と義経が腰掛けた石が残る

1

治承4(1180)年10月、関東・伊豆を平定し鎌倉入りした源頼朝は、平維盛（これもり）率いる平氏軍を追って駿河国に入った。そして富士川の戦いに勝利し、現在対面石八幡神社がある辺りに本営を置いたとされる。翌日、頼朝の挙兵を支援するために奥州からかけつけた弟・義経と対面。兄弟が腰掛けたといわれる「対面石」が境内に残されている。本殿の西側には、対面の記念に植えたとされるねじり柿が2本ある。この故事にちなんで、対面石八幡神社と呼ばれている。のちに頼朝は社殿の再建、境内の整備に尽力したと伝わっている。

2

1. 商売繁盛、家運・社運隆昌のご利益があるとされる。**2.** 左に頼朝、右に義経が座ったと伝わる対面石。

ゆかりの人物
源頼朝
源義経

DATA
☎055・972・4904 住 静岡県駿東郡清水町八幡39 営休料 見学自由 交 JR「三島」駅または「沼津」駅からバスで約15分、バス停「国立病院入口」からすぐ 駐 あり

静岡県
伊豆市

指月殿
しげつでん

頼家の菩提所として政子が建立

1

修禅寺と対面する鹿山(しかやま)の麓に立つ経堂。元久元(1204)年に修善寺で暗殺された、鎌倉幕府二代将軍・源頼家の菩提を弔うため、母の北条政子が修禅寺に寄進した。建立後、政子は宋版大蔵経(そうばんだいぞうきょう)、釈迦三尊繍仏(しゃかさんぞんしゅうぶつ)などを奉納。大蔵経の大半は散失し、現存するのは静岡県指定有形文化財の「宋版放光般若波羅蜜経(ほうこうはんにゃはらみつきょう)巻二十三」を含めわずか数巻。堂内中央には本尊の釈迦如来座像が安置されている。如来像は手に何も持っていないのが一般的だが、指月殿の本尊は右手に蓮の花を持っているのが特徴。近くには頼家とその家臣の墓もある。

2
写真提供：静岡県観光協会

1. 伊豆で最古の木造建築といわれている。
2. 寄木造りの本尊。高さ203cm。

ゆかりの人物　**北条政子**

DATA
☎0558・72・2501(伊豆市観光協会修善寺支部) 住 静岡県伊豆市修善寺 営 休 料 見学自由 交 伊豆箱根鉄道「修善寺」駅からバスで約8分、バス停「修善寺温泉」から徒歩約6分 駐 なし

静岡県
伊豆市

修禅寺

しゅぜんじ

頼家・範頼が幽閉された寺

写真提供：静岡県観光協会

正式名称は福地山修禅萬安禅寺（ふくちざんしゅぜんばんなんぜんじ）

大同2（807）年に弘法大師が開基したと伝わる古刹。鎌倉時代に北条氏の崇敬を得て、寺運は隆盛となった。建久4（1193）年、源範頼（のりより）は兄・頼朝に謀反の疑いをかけられ、修禅寺の子院である信功院（廃寺）に幽閉されたといわれている。また、建仁3（1203）年に、頼朝の長男で鎌倉幕府二代将軍の頼家が、母・北条政子と祖父・北条時政の謀略により幽居されたのも修禅寺であった。

本尊の大日如来坐像は秘仏で、例年11月1〜10日の間のみ一般公開。隣接の宝物殿では、頼家ゆかりの品や頼家の仮面などを見られる。

ゆかりの人物
北条政子
源頼家
源範頼

DATA
☎ 0558・72・0053 住 静岡県伊豆市修善寺964 営 休 料 見学自由（宝物殿は8:30〜16:30、10〜3月は〜16:00、入館料300円） 交 伊豆箱根鉄道「修善寺」駅からバスで約8分、バス停「修善寺温泉」から徒歩約3分 駐 なし

静岡県
伊豆市

筥湯

はこゆ

頼家が入浴したと伝わる名湯

1

開湯1200年以上の歴史をもつといわれる修善寺温泉。かつて伊豆市北部の桂川沿いには、独鈷(とっこ)の湯、筥湯、新湯、河原湯、石湯、乳児の湯、杉の湯と呼ばれる7つの外湯(共同浴場)があった。現在まで残っているのは独鈷の湯のみだったが、平成12(2000)年に筥湯がオープン。外湯巡りを楽しめるようになった。

筥湯は鎌倉幕府二代将軍・源頼家が入浴したとされる名湯。元久元(1204)年7月18日、修禅寺に幽閉されていた頼家が北条氏の刺客に暗殺されたのも、筥湯での入浴中のことであったと伝えられている。

2

1. 高さ12mの展望台、仰空楼(ぎょうくうろう)を併設。**2.** 湯船は男女各1つ、総檜造りの内風呂のみ。

ゆかりの人物　**源頼家**

DATA

☎ 0558・72・5282 住 静岡県伊豆市修善寺925 営 12:00〜21:00(最終受付20:30) 休 なし 料 一般350円 交 伊豆箱根鉄道「修善寺」駅からバスで約8分、バス停「修善寺温泉」から徒歩約3分 駐 なし

静岡県
富士宮市

富士山本宮浅間大社

ふじさんほんぐうせんげんたいしゃ

頼朝や義時からの信仰も篤かった浅間神社の総本宮

全国に約1300社あるという浅間神社の総本宮。富士山の噴火により荒廃した周辺地域を第十一代垂仁天皇が憂い、浅間大神を祀って山霊を鎮めたことが起源とされる。駿河国の「一宮」であり、源頼朝や北条義時をはじめ、武田信玄・勝頼親子、徳川家康らからも崇敬されてきた。頼朝は、社殿の修復を行ったとされる。また、建久4(1193)年に富士山麓で巻狩を催した際に、武将を率いて浅間大社へ詣で流鏑馬を奉納した。これにちなんだ「流鏑馬祭」は800年以上の歴史を持ち、現在も毎年5月に行われている。本宮の境内の広さは約1万7000坪で、富士宮口の富士山頂にある奥宮の境内地は富士山の8合目以上、約120万坪にも及ぶ。

1

2

3

1. 登拝前に湧玉池で禊(みそ)ぎをするのが、古くからの習わし。**2.** 境内には、流鏑馬姿をかたどった像が立つ。**3.** 富士宮口の富士山頂には、「富士山頂上浅間大社奥宮」が鎮座する。**4.** 本殿の二重楼閣構造は珍しく「浅間造」と称されている。

ゆかりの人物 **源頼朝**
北条義時

DATA
☎0544・27・2002 住 静岡県富士宮市宮町1-1 営 5:00〜20:00（3・10月は5:30〜19:30、11〜2月は6:00〜19:00） 休 なし 料 境内無料 交 JR「富士宮」駅から徒歩約10分 駐 あり（有料）

豆知識

富士山本宮浅間大社の参道「お宮横丁」には、富士宮やきそばやニジマスバーガー、静岡おでんなど、地元の味覚を楽しめる飲食店や土産店が並ぶ。箱の中におみくじが入っている「御くじ餅」は大社名物として人気。

4

Column　Trip

伊豆の国市の旅に+α
おすすめ立ち寄りスポット

北条義時の故郷である伊豆の国市。ゆかりの地と併せて回りたいスポットはこちら。観光名所やお土産などもおさえておこう

Spot 1 頼朝の湯 本陣
よりとものゆ ほんじん

伊豆の国市はいちごの産地。12〜5月はいちご狩りを楽しめる。

頼朝の伝説が残る温泉宿

創業約850年の老舗。伊豆長岡温泉にある古奈温泉は『吾妻鏡』にも記されている古湯で、文治期（1187年頃）には源頼朝がこの地に逗留したと伝わる。岩風呂や洞窟風呂など趣の異なる4つの風呂で温泉を堪能できる。

上/頼朝が使ったとされる腰掛岩のある露天風呂。日帰り入浴も可。
下/客室は全12室。全館畳敷き。

DATA
☎055・948・0013 住静岡県伊豆の国市古奈6 交伊豆箱根鉄道「伊豆長岡」駅から徒歩約17分

狩野川

頼朝の湯 本陣

伊豆パノラマパーク

中伊豆の観光拠点に人気の伊豆長岡温泉。

伊豆長岡温泉の源氏山公園。春は桜、初夏はアジサイが彩る。

Spot

2 韮山反射炉

にらやまはんしゃろ

明治の産業を伝える世界遺産

江戸時代末期、欧米諸国から日本を守るため、韮山代官・江川英龍が幕府に進言して築いた金属溶解炉。平成27（2015）年、「明治日本の産業革命遺産」の構成資産として、世界文化遺産に登録された。

上/安政4（1857）年に完成。元治元（1864）年の使用中止まで大砲を製造した。右/ガイダンスセンターを併設。

DATA

☎055・949・3450 住 静岡県伊豆の国市中260-1 営 9:00〜17:00（10〜2月は〜16:30）休 第3水 料 一般500円 交 伊豆箱根鉄道「伊豆長岡」駅から徒歩約25分

伊豆長岡

韮山反射炉

蔵屋鳴沢

義時の名を冠したビール「義時」550円（330mℓ）。数量限定（売切れ次第終了）。

Spot

3 蔵屋鳴沢

くらやなるさわ

食事と買い物はココで

敷地内の湧水を使ったクラフトビールが評判。「義時」は、心地いいのど越しとフルーティーな味わいを楽しめる。定番人気の英国スタイルの黒ビール「頼朝」、日本酒酵母のみで醸造した「大吟醸 政子」（不定期販売）などもある。

自社の製茶工場で造った静岡茶も各種販売。春と秋はお茶摘み体験も楽しめる。

DATA

☎055・949・1208 住 静岡県伊豆の国市中272-1 営 みやげ館9:00〜17:00、レストラン11:00〜15:00（L.O.14:30）休 なし 交 伊豆箱根鉄道「伊豆長岡」駅から徒歩約20分

Column | Tradition

伊豆の国市の「池田の大蛇伝説」とは

伊豆最大級の規模のいちご園「江間いちご狩りセンター」周辺も、義時を語るうえではずせない場所である。かつて池があったというこの地には、義時と安千代父子の伝説が残っていた

ゆかりの人物　北条義時　安千代

安千代を襲った大蛇の伝説

伊豆の国市江間(えま)地方には北条義時の長男・安千代にまつわる伝承がある。かつて江間の池田(現・伊豆中央道江間料金所付近)には、大蛇が棲む大きな池があったという。安千代は書を学ぶため、千葉寺(廃寺)の寺子屋に通っていた。ある帰り道に池の堤を歩いていたところ、大蛇が突然現れて飲み込まれてしまった。知らせを受けた義時は弓矢で戦ったものの、安千代を救うことができず、やがて大蛇は池底に沈んでいった。一説には、大蛇は2匹いて、日守山の男坂(おさか)・女坂(めさか)をそれぞれ通って逃げていったともいわれている。

1. 静岡県函南町と伊豆の国市の境にある標高191mの日守山(大嵐山)。山の左が男坂、右が女坂。**2.** 千葉寺は現在の千代田団地公園の北側にあったと伝わる。**3.** 日守山からの眺め。

DATA

㊟ 静岡県伊豆の国市北江間

営休料 見学自由

北条義時とその時代を生きた人々のゆかりの地

源平合戦〜奥州合戦編

源頼朝が挙兵した石橋山の戦いなど、
鎌倉幕府が成立するまでには多くの戦があった。
ここでは、義時が関わった戦いの跡地、
源平合戦の古戦場、頼朝・義経が対立した奥州合戦の舞台をひも解く

神奈川県
小田原市

石橋山古戦場

いしばしやまこせんじょう

頼朝と義時が平氏と戦った地

律令制度が崩壊しつつあった平安時代の末期、西国武士を従えた桓武平氏は朝廷内部の争いを利用して勢力を拡大し、政権を握った。これに対し、東国武士からの信頼が厚かった清和源氏は、治承4（1180）年に以仁王（もちひとおう）の平氏追討の令旨に呼応し、源頼朝が伊豆で挙兵。北条義時も、父・時政、兄・宗時とともに参戦。坂東武士たちの応援を得た頼朝だったが、鎌倉に向かう途中の石橋山で前方を大庭景親に、後方を伊東祐親に挟まれて大苦戦する。これを「石橋山の戦い」と呼ぶ。古戦場は海岸を望む小高い山にあり、現在は石碑が残っている。

歴史上の戦い

石橋山の戦い

DATA

☎0465・33・1521（小田原市経済部観光課）㊟神奈川県小田原市石橋 ㊢㊡㊨見学自由 ㊩JR「小田原」駅からバスで約10分、バス停「石橋」から徒歩約10分 ㊟なし

1

豆知識

この戦いで惨敗した頼朝は、しとどの窟（神奈川県湯河原町）に身を隠したといわれている。鎌倉時代の軍記物語『源平盛衰記』によると、当時平氏方で源氏の残党狩りをしていた梶原景時が頼朝を発見するが、それを見逃し、頼朝の命を助けたとされている。

2

3

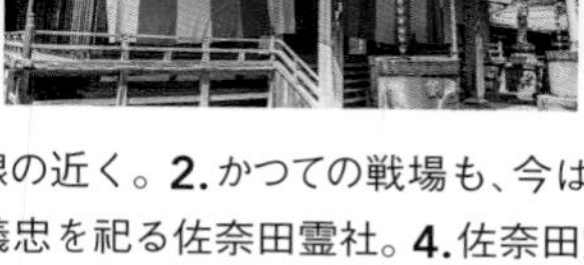

4

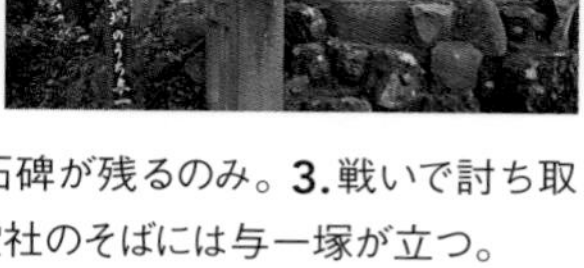

1. 国道135号、海を見下ろす海岸線の近く。**2.** かつての戦場も、今は石碑が残るのみ。**3.** 戦いで討ち取られた頼朝方の先鋒・佐奈田与一義忠を祀る佐奈田霊社。**4.** 佐奈田霊社のそばには与一塚が立つ。

京都府
宇治市

宇治橋

うじばし

範頼と義経が、頼朝に派遣された「宇治川の戦い」の舞台

寿永3(1184)年、木曽義仲と、源頼朝の弟である範頼・義経が対立した合戦「宇治川の戦い」の舞台。北陸で平氏を破った義仲はライバルの頼朝より先に入洛するが、後白河法皇との対立が深刻化し、御所に攻め込んで後白河法皇を幽閉(法住寺合戦)する。鎌倉の頼朝は義仲を追討するため、弟2人(範頼・義経)に大軍をつけて派遣。宇治川を挟んで対峙した義仲軍と範頼・義経軍だったが、圧倒的な兵力差により義仲は敗走し、近江国粟津(現・滋賀県大津市)で最期を遂げた。

承久3(1221)年の承久の乱では、朝廷軍が宇治川を最後の防衛線として戦ったが、北条泰時率いる幕府軍が渡河に成功し、京へ攻め入った。

1

2

3

1. 宇治川の中州にある「宇治川先陣争い」の石碑。義経方の佐々木高綱と梶原景季が先陣を切った。**2.** 大化2(646)年、飛鳥時代の僧・道登が架けたと伝わる。周辺には平等院などの名所も。**3.**『源氏物語』ゆかりの地でもあり、西詰には紫式部の石像も。**4.** 宇治橋から見た宇治川。宇治は昔から水陸交通の要衝だった。

歴史上の戦い

宇治川の戦い
宇治川の戦い(承久の乱)

DATA

住 京都府宇治市宇治 営 休 料 見学自由 交 JR「宇治」駅から徒歩約10分 駐 なし

豆知識

かつて、豊臣秀吉が茶の湯に使う水を宇治川で汲ませたといわれている。この故事にちなみ、例年10月に宇治橋の三の間(上流側に張り出した部分)で、「名水汲み上げの儀」が行われている。

4

岡山県
倉敷市

源平合戦水島古戦場

げんぺいがっせんみずしまこせんじょう

平氏が最後に勝利を収めた合戦跡

寿永2(1183)年、玉島大橋(源平大橋)を間に挟んで、東の乙島側に源氏、西の柏島側に平氏が陣取り、玉島湾で戦いが繰り広げられた。これが、平氏が最後に勝利したことで知られる「源平水島合戦」。現在、水玉ブリッジラインの玉島大橋がかかる辺りの海域だったと考えられており、操船術に長けていた平氏軍に軍配が上がった。昭和58(1983)年に源平水島合戦800年祭が行われ、水玉ブリッジラインの上、玉島大橋が見える場所に記念碑が建てられた。玉島湾を望む玉島町並み保存地区は、日本遺産の構成文化財に認定された。

1.「源平大橋」とも呼ばれる。2.玉島大橋の西側に立つ記念碑。倉敷は藤戸合戦・下津井合戦の舞台。

歴史上の戦い　水島の戦い

DATA
住 岡山県倉敷市玉島柏島 営 休 料 見学自由 交 山陽自動車道「玉島」ICから車で約15分 駐 なし

兵庫県
神戸市

須磨浦公園

すまうらこうえん

源平合戦にまつわる謎めいた旧跡

1

源平合戦の古戦場で知られるこの地は、一ノ谷から西側一帯の海岸が「一ノ谷の戦い」の舞台といわれ、通称「戦の濱」という。元暦元(1184)年、義経軍70騎は一ノ谷に陣取る平家軍に対し、鵯越(ひよどりごえ)の険しい崖を駆け下りるという奇襲攻撃を仕掛け、平氏軍を揺さぶったとされている。しかし、一ノ谷(須磨区一ノ谷町)と鵯越(兵庫区鵯越町)は、現地名から考えると8kmも離れているため、『吾妻鏡』や『平家物語』が生んだフィクションとの説も。謎を秘めつつ、周辺には敦盛塚、須磨寺など源平合戦ゆかりの史跡が多く残っている。

2

1. 鉄拐(てっかい)山、鉢伏山を含む広々とした公園。**2.** 園内に「源平史跡・戦の濱」の石碑が立つ。

歴史上の戦い　一ノ谷の戦い

DATA

☎078・795・5533(神戸市公園緑化協会) 住 兵庫県神戸市須磨区一ノ谷町4-1-24 営 休 料 見学自由 交 山陽電鉄「須磨浦公園」駅からすぐ 駐 あり

香川県
高松市

屋島
源平合戦古戦場展望台

やしま げんぺいがっせんこせんじょうてんぼうだい

戦いの舞台も絶景も満喫できる

源平合戦の一つ「屋島の戦い」は、元暦2(1185)年、屋根の形をした溶岩台地「屋島」を舞台に演じられた。屋島は南嶺と北嶺に分かれ、屋島スカイウェイで登れる南嶺東側の台地の縁は、古戦場を見渡せることで有名。一帯は「談古嶺(だんこれい)」の名で知られており、屋島の戦いの主戦場「檀ノ浦」や、平氏が軍船を隠した入り江「船かくし」が眼下に広がる。「那須与一の扇の的」「義経の弓流し」など、『平家物語』に描かれた名場面の舞台にも注目。夜景観賞の名所としても知られている。山上には展望台のほか、屋島寺や新屋島水族館などもある。

歴史上の戦い

屋島の戦い

DATA
☎087・841・9443（屋島山上観光協会） 住 香川県高松市屋島東町 営 休 料 見学自由 交 JR「屋島」駅からバスで約18分、バス停「屋島山上」から徒歩約10分 駐 あり（有料、開場時間6:30〜22:00）

1

豆知識

「那須与一の扇の的」は、源氏方の那須与一が平氏の船に掲げられた扇の的を射落としたといわれる名場面。「義経の弓流し」は、戦いの最中に弓を海に落とした義経が周囲の制止を振り切り、弓を拾いに戻り「弓が惜しくて戻ったのではない。こんな弱々しい弓を源氏の大将が使っていると敵に知られては末代までの恥となる」と言ったとされる『平家物語』の名場面。

2

3

4

1. 瀬戸内の穏やかな海を一望。屋島周辺にはさまざまな史跡が残る。**2.** 高松市内の夜景観賞も楽しめる。**3.** 源平合戦ゆかりの寺である屋島寺。展望台から徒歩約3分。**4.** 屋島寺には源平屋島合戦800年祭供養碑が立つ。

山口県
下関市

壇ノ浦古戦場跡

だんのうらこせんじょうあと

栄華を極めた平家が散った海

元暦2(1185)年、源氏と平氏の最後の戦い「壇ノ浦合戦」の跡。両軍合わせて約4000隻ともいわれる軍船が関門海峡に集結した。当初は水軍の運用に長けた平氏が優勢だったが、潮流の変化を機に源氏が攻勢に転じる。平氏一門の主たる将兵は入水し、平家は滅亡。現在は「みもすそ川公園」として遊歩道が整備され、園内には源義経と平知盛の像とともに「安徳帝御入水之処碑」が立っている。公園の名前は、「今ぞ知る　身もすそ川の　御ながれ　波の下にもみやこありとは」(『長門本平家物語』)という二位尼の辞世の歌に由来するといわれている。

歴史上の戦い

壇ノ浦の戦い

DATA

☎083・231・1350（下関市観光政策課）住 山口県下関市みもすそ川町1 営 休 料 見学自由 交 JR「下関」駅からバスで約13分、バス停「御裳川」からすぐ 駐 あり

豆知識

壇ノ浦の戦いといえば、「義経の八艘飛び伝説」が有名。平氏の猛将、平教経が源氏軍の大将・義経を討ち取ろうとしたが、義経は8艘の船を次々と飛び移り、華麗にかわしたといわれている。

1

2

3

4

1. 源義経と平知盛像。各軍を率いた両雄の像が配置されている。**2.** 公園前の海は関門海峡が一番狭まったところで、潮流の変化が激しい海の難所。**3.** 安徳帝御入水之処碑。**4.** 徒歩約15分ほどの場所に、平清盛の孫である安徳天皇を祀る赤間神宮がある。

岩手県
西磐井郡
平泉町

中尊寺

ちゅうそんじ

義経・弁慶の像を安置する堂がある

文治5(1189)年、鎌倉政権と奥州藤原氏との戦い「奥州合戦」が行われた平泉。平氏を追討した源義経は兄・頼朝と対立し、奥州藤原氏三代秀衡(ひでひら)を頼って平泉に身を寄せる。しかし秀衡が病死すると、四代泰衡は頼朝の圧力に耐えられず義経を自害に追い込んだ。その後、泰衡も頼朝に攻められ、奥州藤原氏は滅亡、約100年の歴史を閉じている。

中尊寺は嘉祥3(850)年、比叡山延暦寺の高僧慈覚大師円仁(じかくだいしえんにん)によって開かれた。国宝・重要文化財を含む3000余点の貴重な歴史資産を今日に伝える、東日本随一の平安仏教美術の宝庫。境内には、義経・弁慶の木像を安置している弁慶堂もある。

歴史上の戦い **奥州合戦**

DATA

☎0191・46・2211 住 岩手県西磐井郡平泉町平泉衣関202 営 8:30～17:00（11/4～2月末は～16:30、拝観券発行はいずれも閉門10分前まで） 休 なし 料 一般800円 交 JR「平泉」駅からバスで約4分、バス停「中尊寺」からすぐ 駐 あり（有料）

1

豆知識

中尊寺は、平成23（2011）年に世界遺産に登録された「平泉の文化遺産」の構成資産。イタリアの旅行家、マルコ・ポーロの『東方見聞録』に記された「黄金の宮殿」は、中尊寺金色堂がモデルともいわれている。

2

3

4

写真提供：中尊寺

1. 奥州藤原氏四代が眠る金色堂は新覆堂の中にある。**2.** 弁慶堂は文政10（1827）年に建てられた。**3.** 約800m続く表参道「月見坂」。老杉が並び、荘厳な雰囲気。**4.** 本堂。広い境内に歴史ある堂宇が点在する。

岩手県
西磐井郡
平泉町

高館義経堂

たかだちぎけいどう

義経の終焉の地と伝わる館

1

高館という地は北上川に面した丘陵で、源義経が最期を過ごした場所。兄である頼朝との亀裂によって、少年時代を過ごした平泉に戻った義経は、三代秀衡からこの地に居館を与えられた。しかし、文治5（1189）年、頼朝の圧迫に屈した秀衡の子・四代泰衡の急襲に遭い、妻子とともに自害したと伝えられている。丘の頂上には、仙台藩主四代・伊達綱村が建てた義経堂があり、堂内に本尊として祀られているのが木造の源義経像。藤原秀衡、源義経、武蔵坊弁慶800年の遠忌（おんき）を記念して造られた源義経主従供養塔も見られる。

1. 四代仙台藩主が義経を偲んで建てたという。**2.** 鎧の上に衣をまとうなど、珍しい技法の源義経像。

2

歴史上の戦い　**奥州合戦**

DATA

☎ 0191・46・3300　住 岩手県西磐井郡平泉町平泉柳御所14
営 8:30〜16:30（11/5〜3/4は〜16:00）　休 なし　料 一般300円
交 JR「平泉」駅から徒歩約20分　駐 あり

北条義時とその時代を生きた人々のゆかりの地

承久の乱 編

日本史のターニングポイントともいわれる
「承久の乱」に関連するスポットに迫る。
決戦の舞台となった岐阜、滋賀、京都のほか、
後鳥羽上皇ら朝廷側にまつわる地も紹介

岐阜県
可児市

承久の乱古戦場跡

大井戸渡

じょうきゅうのらんこせんじょうあと　おおいどのわたし

木曽川決戦の火蓋を切った戦場

木曽川で渡河攻撃を仕掛けた幕府側が勝利した

後鳥羽上皇が北条義時追討のため挙兵した「承久の乱」の舞台の一つ。承久3(1221)年、幕府軍の武田信光、小笠原長清たちが大井戸を渡り、戦いが始まった。軍を率いる総大将は、朝廷(後鳥羽上皇)側が藤原秀康、幕府側が北条泰時。岐阜県内の主な合戦場は木曽川沿いの「大井戸」「鵜沼(うぬま)」「摩免戸(まめど)」などとされているが、古戦場跡や陣の場所については、正確な場所は分かっていない。可児市は令和4(2022)年春のオープンを目指し、「大井戸の戦い」の解説板や時計塔などを配置した多目的広場を建設している。

歴史上の戦い　承久の乱

DATA
住 岐阜県可児市土田2663 営休料 見学自由 交 名鉄「日本ライン今渡」駅から徒歩約15分 駐 あり

岐阜県
各務原市

承久の乱
合戦供養塔

じょうきゅうのらんかっせんくようとう

市の史跡に指定されている供養塔

1

供養塔がある前渡(まえど)地区は、鎌倉時代は大豆戸(まめど)(摩免戸)と呼ばれていた。承久3(1221)年、朝廷軍と鎌倉幕府軍が木曽川を挟んで対決。この戦いで、幕府東山道軍の武田信光、小笠原長清らが大豆戸を渡って朝廷軍を攻撃し、勝利を収めた。ここが戦地に選ばれた理由は、木曽川の中で特に浅く、水量の多い夏場でも渡りやすかったからだといわれている。

昭和初期の県道工事の際、多数の供養塔が掘り出され、矢熊山中腹に集められた。後世の人たちが、承久の乱の戦死者を弔うために作ったものだと考えられている。

2

1. 供養塔は佛眼院がある矢熊山に位置する。**2.** 現在も毎年6月に供養祭が行われている。

歴史上の戦い　承久の乱

DATA

☎058・383・1361(各務原市歴史民俗資料館) 住 岐阜県各務原市前渡東町6 営 休 料 見学自由 交 名鉄「二十軒」駅から徒歩約30分 駐 あり

愛知県
名古屋市

熱田神宮

あつたじんぐう

由緒正しい国家鎮護の神宮

1

景行天皇43(113)年創祀で、三種の神器の一つ、草薙神剣を祀る神宮。日本武尊は神剣を現在の名古屋市緑区大高町火上山に留め置いたまま、三重県亀山市能褒野で薨去した。すると尊の妃・宮簀媛命は、神剣を熱田の地に祀った。以降、伊勢神宮に次ぐ尊い宮として崇敬を集めている。

平安時代末、河内源氏の棟梁・源義朝は、熱田神宮の大宮司・藤原季範の娘・由良御前を正室とし、頼朝を授かった。ゆかりが深く、頼朝から篤く尊崇もされていたが、承久の乱では当時の大宮司が後鳥羽上皇(朝廷)側についた。

2

1. 境内の奥に配置された本宮。**2.** 境内には日本三大土塀の「信長塀」もある。

ゆかりの人物　**源頼朝**

DATA

☎052・671・4151 住 愛知県名古屋市熱田区神宮1-1-1 営 休 料 見学自由 交 名鉄「神宮前」駅から徒歩約3分 駐 あり(12月31日夜～1月5日は利用不可)

愛知県
一宮市

真清田神社

ますみだじんじゃ

朝廷軍を攻めるべく幕府側が布陣

1

市内の中心部に鎮座し、祭神として天照大御神（あまてらすおおみのかみ）の孫神である天火明命（あめのほあかりのみこと）を祀っている。古い社殿は尾張造という特殊な様式だったが、戦災で焼失。戦後の復興造営事業により、現在は参道の楼門をくぐると正面に拝殿（切妻造）、祭文殿（切妻造）、渡殿（切妻造）、本殿（流造）を有する、華麗で威風堂々とした社殿に。本殿と渡殿は、国の登録有形文化財に指定された。承久3（1221）年に起こった承久の乱で、鎌倉幕府軍は尾張から美濃に侵攻。北条泰時が率いる幕府側の東海道軍は、尾張国の一宮、ここ真清田神社に陣を敷いた。

2

1. 昭和36（1961）年竣工の楼門。**2.** 本殿の一部に、伊勢神宮から下賜された古材を使っている。

ゆかりの人物　**北条泰時**

DATA

☎ 0586・73・5196 住 愛知県一宮市真清田1-2-1 営 9:00～17:00 休 料 見学自由 交 JR「尾張一宮」駅、または名鉄「一宮」駅から徒歩約8分 駐 あり

滋賀県
大津市

瀬田の唐橋

せたのからはし

いくつもの重要な戦の歴史舞台

近江八景「瀬田の夕照（せきしょう）」として名高く、歌川広重の浮世絵でその情景が広く知られるようになった。京都の宇治橋、山崎橋（現存していない）と並んで日本三名橋・三古橋に数えられ、日本書紀にも登場する。「唐橋を制するものは天下を制す」といわれ、京都へ通じる軍事・交通の要衝であることから、何度も戦乱の舞台になった。承久の乱では、北条泰時が宇治を、時房が瀬田を攻めて入洛。ほかにも、古くは天武天皇元（672）年の壬申の乱や、寿永3（1184）年、木曽義仲追討のため源範頼が瀬田に進攻。宇治・瀬田の戦いの戦地となった。

ゆかりの人物　**北条時房**

DATA
☎077・534・0706（石山駅観光案内所）住 滋賀県大津市唐橋町 営休料 見学自由 交 京阪電鉄「唐橋前」駅から徒歩約5分 駐 なし

1

豆知識

ことわざの「急がば回れ」の語源となったことでも知られる橋。室町時代、連歌師・宗長によって詠まれた「もののふの矢橋の船は速けれど 急がば回れ 瀬田の長橋」が由来とされている。

2

3

4

写真提供：びわ湖大津観光協会

1. 京都へ出陣する際の重要拠点となった。**2.** 例年2～3月には瀬田川沿いの河津桜との共演も楽しめる。**3.** 夜の唐橋。**4.** 現在の橋は昭和54（1979）年に架け替えられたもの。

京都府
京都市

六波羅探題府跡

（六波羅蜜寺）　ろくはらたんだいふあと（ろくはらみつじ）

平氏郎党の邸宅跡に新設された機関

1

「六波羅探題府」とは鴨川の東岸、現在の松原通から五条・七条に及ぶ東山区の一帯に、鎌倉幕府が設けた出先機関。朝廷の監視や京都周辺の警備、西国で起こったもめ事の裁判などを担い、承久3（1221）年の承久の乱後に設けられた。初代探題を北条時房と泰時が務めた。平安時代後期、この一帯には平清盛を中心に平氏の邸宅が並び、それらの邸宅を「平氏六波羅第」と呼んだことが名前の由来。六波羅蜜寺の境内には、「此附近　平氏六波羅第　六波羅探題府」と刻まれた石碑が立つほか、鎌倉時代に造られた平清盛坐像も安置されている。

2

1. 石碑は境内入ってすぐの右手に立つ。**2.** 六波羅政庁跡から出土した石垣（京都市文化財保護課提供）。

ゆかりの人物　北条時房　北条泰時

DATA
☎075・561・6980（六波羅蜜寺）住 京都府京都市東山区五条通大和大路上ル東 営 休 料 見学自由 交 京阪電鉄「清水五条」駅から徒歩約7分 駐 あり

京都府
京都市

大原陵

おおはらのみささぎ

配流された後鳥羽上皇親子の陵墓

1

承久の乱で敗れ、配流先で亡くなった後鳥羽上皇の陵墓。鎌倉時代に23年間上皇として院政を敷き、承久3(1221)年に北条義時追討のために挙兵するが、義時配下の幕府軍に敗れ、後鳥羽上皇は隠岐島に島流しとなる。そして延応元(1239)年、同島で崩御した。北側に隣接する建物は、後鳥羽上皇の冥福を祈って延応2(1240)年に建てられた「法華堂」。敷地内には、後鳥羽上皇の第三皇子で、佐渡に流されて亡くなった第八十四代・順徳天皇の陵墓もある。陵形は、後鳥羽上皇が「十三重塔」、順徳天皇が「円丘」。

2

1. 後鳥羽上皇親子が眠る。2. 法華堂は一度焼失したが、安永年間(1764～1780年)に再建された。

ゆかりの人物　後鳥羽上皇
順徳上皇

DATA

☎ 075・541・2331(宮内庁書陵部月輪陵墓監区事務所) 住 京都府京都市左京区大原勝林院町 営 8:30～17:00 休 なし 料 無料 交 叡山電鉄「八瀬比叡山口」駅からバスで約15分、バス停「大原」から徒歩約15分 駐 なし

京都府
京都市

城南宮

じょうなんぐう

承久の乱、流鏑馬ゆかりの地

1

延暦13(794)年、平安遷都の際に、都の安泰と国の守護を願い創建。城南宮とは「平安城の南に鎮まるお宮」という意味。平安時代後期、白河上皇や鳥羽上皇により城南宮を囲むように城南離宮(鳥羽離宮)が造営され、院政の拠点となると、離宮の鎮守としてさらに尊崇を集めた。後鳥羽上皇が日照りの時に、雨が降り天下泰平であるよう城南宮に祈り、歌を詠んだとされる。また、実弓馬術を披露する「笠懸(かさがけ)」を行って弓馬を鍛錬したという。承久の乱では後鳥羽上皇が離宮での流鏑馬(やぶさめ)の開催を名目に武士を集め挙兵した。

2

1. 国の守護神として創建された古社。**2.**「しだれ梅と椿まつり」は、例年2月18日〜3月22日に開催。

ゆかりの人物　**後鳥羽上皇**

DATA

☎075・623・0846 住 京都府京都市伏見区中島鳥羽離宮町7 営 5:00〜22:00(神苑拝観の受付は9:00〜16:00) 休 なし 料 一般800円 交 近鉄・京都市営地下鉄「竹田」駅から徒歩約15分 駐 あり

京都府
京都市

鳥羽離宮跡公園

とばりきゅうあとこうえん

かつて院政の拠点だった史跡公園

園内には鳥羽伏見の戦いの慰霊碑も立っている

平安時代後期、第七十二代・白河天皇が堀河天皇に譲位して上皇となり、院政を開始。その象徴として鳥羽離宮（城南離宮）が造営された。敷地は現在の名神高速道路「京都南IC」の南側一帯に東西約1.5㎞、南北約1㎞にも及び、「鳥羽殿」とも呼ばれた。白河上皇、鳥羽上皇と引き継がれ、大きな苑池や南殿・北殿などの御所に加え、証金剛院や成菩提院といった御堂なども造営されたが、現在は安楽寿院、白河・鳥羽・近衛（このえ）各天皇陵、城南宮、秋の山（築山）を残すのみ。後鳥羽上皇は承久の乱に敗れた後、この地にあった邸宅から隠岐島へ流された。

ゆかりの人物　**後鳥羽上皇**

DATA
☎075・643・5405（京都市建設局南部みどり管理事務所）住 京都府京都市伏見区中島御所ノ内町 営休料 見学自由 交 近鉄・京都市営地下鉄「竹田」駅からバスで約5分、バス停「竹田城南宮道」からすぐ 駐 なし

滋賀県
大津市

比叡山延暦寺

ひえいざんえんりゃくじ

敗走した後鳥羽上皇が協力を求めた寺

延暦寺最大の仏堂で総本堂の根本中堂(こんぽんちゅうどう)

標高848mの比叡山全域を境内とする、天台宗の総本山。延暦4(785)年、最澄(さいちょう)が比叡山に登り、草庵を結んだのが始まり。最澄が中国に留学して天台宗を開宗してからは、弘法大師・空海が開いた高野山金剛峯寺(こうやさんこんごうぶじ)と並び、日本の宗教界最高の地位に君臨する。美しい自然環境、1200年の歴史と伝統が高く評価され、平成6(1994)年にはユネスコ世界文化遺産に登録された。承久の乱の際、朝廷軍が幕府軍に敗れると、後鳥羽・土御門(つちみかど)・順徳の3上皇は比叡山に向かい僧兵の協力を求めたが、比叡山延暦寺は中立を保ち、これを拒否した。

ゆかりの人物
後鳥羽上皇
土御門上皇
順徳上皇

DATA
☎077・578・0001 住 滋賀県大津市坂本本町4220 営 東塔地区8:30～16:30、西塔・横川地区は9:00～16:00(受付は閉堂の各30分前。季節により変動あり) 休 なし 料 一般1000円(宝物館は500円) 交 坂本ケーブル「ケーブル延暦寺」駅から徒歩約10分 駐 あり

島根県
隠岐郡
海士町

後鳥羽天皇

御火葬塚

ごとばてんのうごかそうづか

上皇の遺骨が納められている塚

写真：河口信雄／アフロ

後鳥羽天皇の行在所跡（源福寺）の隣接地にある

承久3（1221）年、承久の乱に敗れて京都の御所を追われ、隠岐島に配流となった後鳥羽上皇は、在島19年後の延応元（1239）年に60歳で崩御。遺体は島内で荼毘（だび）に付され、遺骨の大部分は御火葬塚に納められたが、一部は京都に持ち帰られた。明治6（1873）年、明治天皇により神霊御還遷が行われた後、大阪の水無瀬（みなせ）神宮に合祀されたため、翌年に隠岐島の祠殿は取り壊しとなった。以降、後鳥羽天皇御火葬塚として宮内庁が管理している。行在所（あんざいしょ）跡には、和歌に秀でた後鳥羽上皇の詠んだ歌にまつわる池や松の切り株が残る。

ゆかりの人物　後鳥羽上皇

DATA

住 島根県隠岐郡海士町海士1500 営休料 見学自由 交 菱浦港からバスで約10分、バス停「隠岐神社前」からすぐ 駐 あり

高知県
香南市

土御門上皇仙跡碑

つちみかどじょうこうせんせきひ

流刑地で京の都に思いを馳せた

承久の乱後、土佐国幡多へ流された土御門上皇が、土佐から阿波へ移る途中にここで名月を眺めて都を偲んだと伝わる。そこから「月見山」という名が生まれ、記念碑が建てられた。その時に詠んだ和歌が、「鏡野や たが偽りの 名のみにて 恋ゆる都の 影もうつらず」(『土御門院御集』)。父帝の後鳥羽上皇、弟の順徳上皇と並び、優れた歌人としても知られる。父の北条義時追討計画に積極的に参画しなかったが、父の配流を聞き、ひとり都に残ることを親不孝と考え、自ら幕府に志願して土佐国に配流となったといわれる。

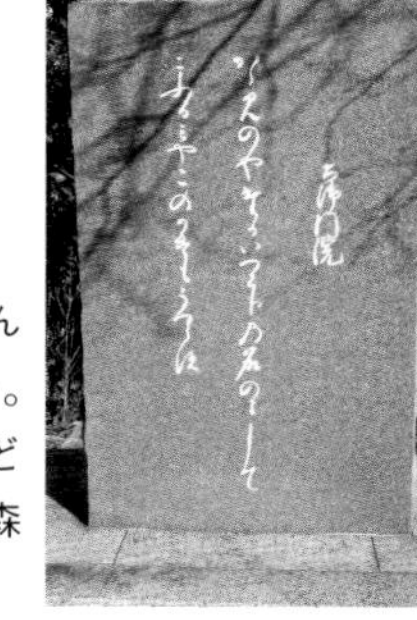

1.土御門上皇が詠んだ和歌の碑も立つ。2.「県立月見山こどもの森」の史跡の森にある。

ゆかりの人物　土御門上皇

☎0887・57・7523(香南市教育委員会生涯学習課) 住 高知県香南市香我美町岸本1269-7 高知県立月見山こどもの森内 営 8:30〜17:15 休 12/29〜1/3 料 無料 交 土佐くろしお鉄道「香我美」駅から徒歩約10分 駐 あり

新潟県
佐渡市

順徳上皇石碑群

じゅんとくじょうこうせきひぐん

順徳上皇ゆかりの碑が並ぶ

1

承久3(1221)年、父帝・後鳥羽上皇の北条義時追討計画に参画したが、その承久の乱で敗れたため佐渡島へ配流された。その後、在島21余年後の仁治3(1242)年に崩御。同島の恋ケ浦は順徳上皇が上陸した地とされ、4基の碑が立っている。「いざさらば 磯打つ波にこと問はむ 隠岐のかたには何事かある」と、父を思う和歌を刻んだ「恋ケ浦碑」。地元・佐渡の人々に稗の粥でもてなされた様子を伝える「順徳上皇の稗粥物語碑」には、「これほどに 身の温まる 草の実を ひえの粥とは 誰かいふらむ」という和歌が刻まれている。

2

1. 石碑は真野湾とその先の大佐渡山地を背に立つ。**2.** 父を思い詠じた和歌が刻まれる「恋ケ浦碑」。

ゆかりの人物 **順徳上皇**

DATA

住 新潟県佐渡市豊田 営 休 料 見学自由 交 両津港から車で約35分 駐 あり

編集　株式会社ムーブ
執筆　株式会社ムーブ、阿部真奈美、角田真弓、菊地裕子
デザイン　高田正基、栗山早紀、青木由希子(valium design market inc.)
写真　泉田真人
写真提供　関係各施設／各市町村観光課・観光協会・教育委員会／PIXTA／フォトライブラリー
地図　後藤和則

主な参考文献　『図説 鎌倉幕府』田中大喜編著(戎光祥出版)／『図説 鎌倉北条氏』野口実編著(戎光祥出版)／『日本史大図鑑 承久の乱』本郷和人監修(宝島社)／『承久の乱』本郷和人著(文藝春秋)／『北条義時』岡田清一著(ミネルヴァ書房)／『源氏将軍断絶 なぜ頼朝の血は三代で途絶えたか』坂井孝一著(PHP研究所)／『源頼朝と鎌倉』坂井孝一著(吉川弘文館)／『歴史人 2021年7月号』(ABCアーク)／『伊豆の国市　広報いずのくに「文化財通信」令和3年1月号〜10月号』／各施設・各市町村のオフィシャルホームページ

歴史紀行ガイド

北条義時の足跡をたどる旅

第1刷　2021年12月22日

著者　「北条義時の足跡をたどる旅」製作委員会
発行者　田中賢一
発行　株式会社東京ニュース通信社
〒104-8415 東京都中央区銀座7-16-3
TEL 03-6367-8080
発売　株式会社講談社
〒112-8001 東京都文京区音羽2-12-21
TEL 03-5395-3606

印刷・製本　株式会社シナノ

ISBN978-4-06-526558-1